SCHÜLERBUCH 1

Gute Reise!

MGP
INTERNATIONAL

Christiane Hermann   **John Hill**   **Gwynne Pomfrett**

Stage 1:
Pupil's book
Repromasters pack A
Repromasters pack B
Cassettes (5)
Flashcards

Teacher's book
Singspiel (songs)
Spiel und Spaß (funbook)
Video
Video guide

Design Plum Design, Lymington, Hants
Cover illustration by Mark Harfield

Main story illustrated by Ian Heard
Mice cartoon illustrated by Willow

Illustrations Peter Brown (pages 37, 39, 50, 51, 53, 85, 112, 113, 127, 131); Phil Burrows (pages 9, 22, 27, 69, 75, 103, 118, 119, 137, 156, 157, 158, 168); Hardlines (inside front and back covers, pages 49, 73, 94, 134, 145); Francis Scappaticci (pages 18, 19, 63, 109, 129, 138, 149, 151, 169, 173, 177); Kate Sheppard (pages 20, 25, 46, 63, 83, 130, 135, 145, 153, 161, 164, 170, 174); Mark Timmings (pages 11, 87, 101, 115, 117)

Photographs Andrew Hasson except for Allsport (pages 20, 34,); © BFI Stills, Posters and Designs (page 16); Channel Four (page 34); © Columbia Pictures (page 34); John Drew (page 68); © Hanna-Barbera Production Inc. (page 16); Harriette Lanzer (page 68); © MGM (page 16); MGP/Lucinda Beatty (page 128); MGP/David Simson (pages 82, 100, 107, 128); Pat Morton (page 128); Popperfoto (page 31); Susan Ross (page 41); Lorraine Sennett (pages 10, 41, 47, 55, 75, 87); © Tri-Star Pictures (page 16); © Twentieth Century Fox (page 34); © VIP (page 34); © Universal Picture Co. (page 16); © Warner Bros. (page 34)

The publishers and authors wish to express their thanks to the teachers and advisers who read and commented on draft materials and to all those who helped with the project. In particular they would like to thank the following for their assistance:

- the Peterson family, Garbsen
- Peter Gartel, Garbsen
- Johannes-Kepler-Gymnasium, Garbsen
- Integrierte Gesamtschule, Garbsen
- Hermann Eimterbäumer, Auhagen
- Deutsche Schule, London

We are grateful to the following for allowing us to reproduce published material: Landesgirokasse Stuttgart (page 25); Zag Zeitschriften-Verlag AB *Mädchen, Popcorn, Pop Rocky*, Heinrich Bauer Spezialzeitschriften-Verlag KG *Bravo, Bravo Girl* (page 66); dictionary excerpt on page 53 reproduced by permission from the Collins Concise German Dictionary (ISBN 0 00 4334454 X) copyright 1987 by Collins Publishers Ltd Glasgow.

Every effort has been made to trace copyright holders but the publishers will be pleased to make the necessary arrangements at the first opportunity if there are any omissions.

© Mary Glasgow Publications 1992
First published 1992, reprinted 1992, 1993, 1994, 1995
ISBN 1 85234 424 5

Colour origination by P and W, Singapore
Printed in Hong Kong

Mary Glasgow Publications
An imprint of Stanley Thornes
(Publishers) Ltd
Ellenborough House
Wellington Street
Cheltenham
GL50 1YD

Martin Redfern

Jan Petersen

Eva Pfeiffer

Erdal Güney

Birgit Schulze

C O N T

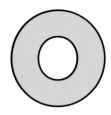

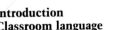

E N T S

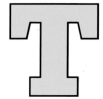

fünf   **5**

INTRODUCTION

Welcome to *Gute Reise!*

You are starting to learn a new language. *Gute Reise!* stage 1 will help you to express yourself in German.
You will learn . . .

- how to get to know people
- how to find out and give information
- how to talk about what you like and what you do
- how to describe yourself, your family and your friends
- how to understand what other people are saying or have written.

How is *Gute Reise!* organised?

There are 30 *Lektionen* (units). Most *Lektionen* include:

 LERNZIELE   your learning objectives for the unit

 listening activities   speaking activities with a partner   speaking activities in a group

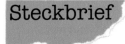 a section which helps you to build up a dossier about yourself and people you know

Infoseite extra information about the German language and way of life

 **PRIMA! DU KANNST JETZT . . .**   a summary of the German you have learned

Every fifth unit is called *Wiederholung* (revision) and these will help you to revise all you have learned, but in a new context.

Classroom objects

a) das Buch
b) das Heft
c) der Kugelschreiber
d) das Lineal
e) der Filzstift
f) das Wörterbuch
g) der Radiergummi
h) der Bleistift
i) die Mappe
j) das Papier
k) das Etui

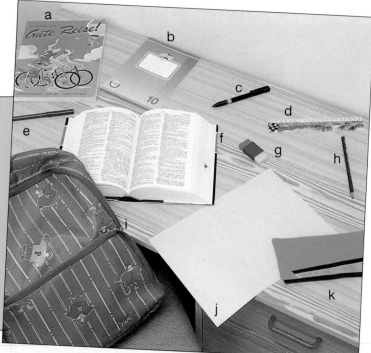

Classroom language

As you go through *Gute Reise!* you will come across the following phrases:

Beantworte die Fragen.	*Answer the questions.*
Beschreib . . .	*Describe . . .*
Erfinde . . .	*Invent . . .*
Ergänze die Tabelle.	*Complete the table.*
Füll . . . aus.	*Fill in . . .*
Hör (nochmal) zu.	*Listen (again).*
Kannst du deinen eigenen Steckbrief machen?	*Can you make your own dossier?*
Lies . . .	*Read . . .*
Mach dein Buch zu.	*Close your textbook.*
Mach eine Liste.	*Make a list.*
Macht Dialoge.	*Talk to each other.*
Macht eine Umfrage.	*Do a survey.*
Ordne die Bilder in der richtigen Reihenfolge.	*Put the pictures in the right order.*
Richtig oder falsch?	*True or false?*
Schreib die Sätze richtig auf.	*Write the sentences down correctly.*
Schreib es auf.	*Write it down.*
Sieh dir die Bilder auf Seite 64 an.	*Look at the pictures on page 64.*
Spiel die Szene.	*Act out the scene.*
Trag diese Liste ins Heft ein.	*Copy this list into your exercise book.*
Wähl die richtige Antwort.	*Choose the correct answer.*
Was bedeuten die Wörter auf englisch?	*What do the words mean in English?*
Was ist das?	*What is that?*
Was ist richtig?	*What is correct?*
Was paßt zusammen?	*What goes together?*
Welches Bild ist das?	*Which picture is it?*
Wer spricht?	*Who is talking?*
Zeichne . . .	*Draw . . .*

If you come across other words you don't understand, you can look them up in the alphabetical word list at the back of your book.

Gute Reise!

LERNZIELE

You will learn . . .
- how to greet people
- how to ask someone of your age their name
- how to tell them your name
- how to ask who someone is
- how to say who someone is
- some German names
- the alphabet.

Guten Morgen!

Die Klasse 8A ist in der Jugendherberge in Leipzig.

Leipzig

a **Morgen.**

c **Grüß dich.**

b **Hallo.**

d **Guten Morgen, Herr Deckert.**

e **Guten Morgen, Martin. Beeil dich!**

f **Guten Tag.**

Jetzt kann's losgehen!

1 Hör zu und sieh dir die Bilder auf Seite 8 an. Wer spricht?

1d

2 a) Hör zu. Wähl eine Antwort. Schreib sie auf.

1. Hallo.

Hallo.

Grüß dich.

Guten Tag.

Guten Morgen.

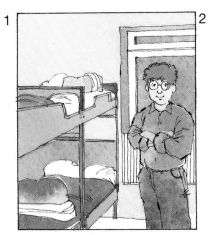

b) Macht Dialoge.

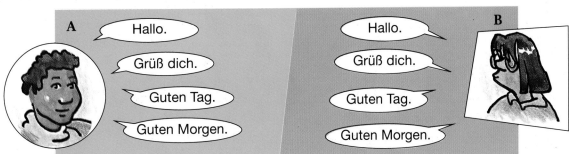

A

Hallo.

Grüß dich.

Guten Tag.

Guten Morgen.

Hallo.

Grüß dich.

Guten Tag.

Guten Morgen.

B

3 Hör zu. Wer ist nicht auf dem Zimmer?
Schreib die Namen auf.

Frankfurt – Steffi

FRANKFURT	**HAMBURG**	**DRESDEN**	**KÖLN**
Gabi	Georg	Monika	Peter M.
Anja	Jan	Eva	Yilmaz
Steffi	Stefan	Sabine	Heiko
Iris T.	Paul	Petra	Erdal

BERLIN	**LEIPZIG**
Birgit	Klaus
Susanne	Dieter
Iris F.	Martin
Annette	Jens

 # In der Disco

4 Wähl die richtige Antwort.

a) Ich heiße Birgit.

| a) Wie heißt du? | Das ist Herr Deckert. Hallo! Ich heiße Birgit. | b) Wer ist das? | Ich heiße Jan. Hallo! Das ist Martin. |
| c) Ich heiße Eva. | Ich heiße Thomas. Wie heißt du? Wer ist das? | d) Grüß dich! | Das ist Erdal. Grüß dich, Eva. Ich heiße Herr Deckert. |

5 Arbeitet zu viert. Wählt deutsche Namen.
Stellt euch vor.

A Hallo. Wie heißt du?
B Ich heiße Stefan.

C Wer ist das?
D Das ist Stefan.

B Hallo. Wie heißt du?
C Ich . . .

6 Was sagen diese Leute? Schreib es auf.

a   b   c   d

heißt   du   wie?   heiße   ich   Ulrike.   das   ist   wer?   David   ist   das.

Steckbrief

Das ist Gabi.

Das ist Herr Baum.

Hallo!! Ich heiße Claudia.

Das ist Paul.

Das ist Frau Zweig.

Kannst du deinen eigenen Steckbrief machen?

PRIMA! DU KANNST JETZT ...

grüßen:	Hallo. Grüß dich. Guten Tag. Guten Morgen.
fragen:	Wie heißt du? Wer ist das?
sagen:	Ich heiße ... Das ist ...

The alphabet

Das deutsche A B C

A B C D E F G, H I J K L M N O P,

Q R S T U V W, Q R S T U V W,

X Yp-si-lon Z ju-chhe! Das ist das deu-tsche A B C!

Can you sing the German alphabet song?

There are four more letters you'll come across as you learn German: **ä, ö, ü, ß.**

Listen to how they sound.

Once you feel confident with the 30 letters, try some spelling. Listen to some words being spelled on the tape. Write the words down. You might find out you already know more German than you thought!

Try spelling the names of people in your class or some famous people. Can your partner write them down correctly?

LERNZIELE

You will learn . . .

- how to say good evening, good night and goodbye
- how to ask people their name
- how to say yes please and no thank you
- some useful phrases for learning German.

An der Rezeption

 1 Macht Dialoge.

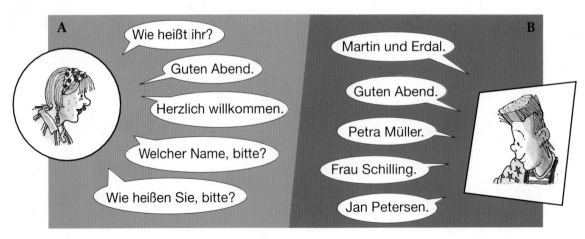

Auf dem Zimmer

2 Kannst du aufschreiben, was diese Leute sagen?

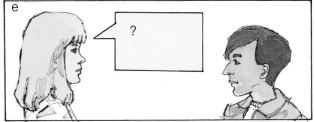

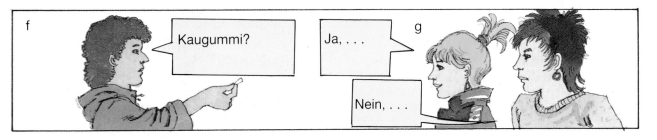

Am nächsten Morgen

 3 Hör zu. Was paßt zusammen?

1f

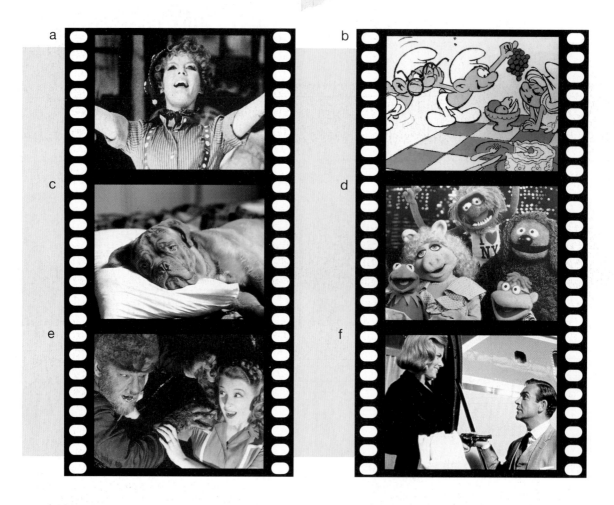

 4 a) A: Wähl ein Bild bei Übung 3.
Spiel die Szene.
B: Welches Bild ist das?

b) Schreib die Szenen auf.

A: Gute Nacht.   c   B

a) Guten Abend.
Herzlich willkommen.

Ein Tag in Leipzig

In Auerbachs Keller

Schreib es auf.

Am Bahnhof

Hör zu.

Am Markt

Macht eine Umfrage.

An der Thomaskirche

Trag diese Liste ins Heft ein.

Im Schauspielhaus

Mach dein Buch zu.

Im Alten Rathaus

Wie viele Stufen gibt es? Ratet mal!

In der Galerie am Sachsenplatz

Sieh dir die Bilder an.

Im Festsaal

Was paßt zusammen?

5 Was paßt zusammen?

1. Hör zu.
2. Macht eine Umfrage.
3. Schreib es auf.
4. Trag diese Liste ins Heft ein.
5. Mach dein Buch zu.
6. Sieh dir die Bilder an.

Kannst du deinen eigenen Steckbrief machen?

PRIMA! DU KANNST JETZT ...

sagen:	Guten Abend. Gute Nacht. Auf Wiedersehen. Tschüs. Ja, bitte. Nein, danke.
fragen:	Wie heißen Sie? Welcher Name, bitte? Wie heißt ihr?
verstehen:	Schreib es auf. Hör zu. Macht eine Umfrage. Trag diese Liste ins Heft ein. Mach dein Buch zu. Sieh dir die Bilder an. Was paßt zusammen?

Talking to different people

Can you remember how to ask someone what they're called in German? You've come across four different ways already! Here are three of them.

How do you know which one to use? The chart below will tell you.

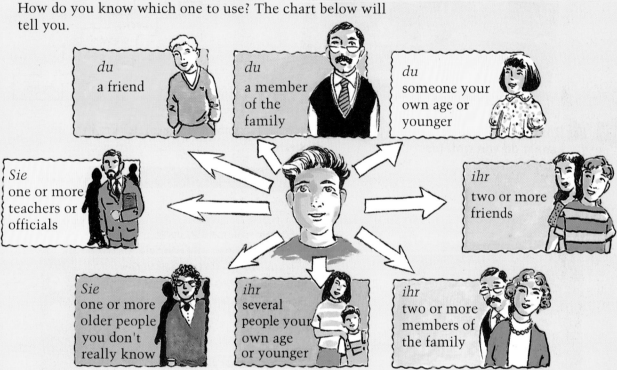

du
a friend

du
a member
of the
family

du
someone your
own age or
younger

Sie
one or more
teachers or
officials

ihr
two or more
friends

Sie
one or more
older people
you don't
really know

ihr
several
people your
own age
or younger

ihr
two or more
members of
the family

Look at these people. How would you address them?
Write *du*, *ihr* or *Sie*.

How can you ask someone their name without using
du, *ihr* or *Sie*?

3

You will learn . . .

* how to count
* how to ask people where they come from and where they live
* how to tell people where you come from and where you live
* the names of some countries in Europe.

 ### K.o.

> Eins, zwei, drei, vier, fünf, sechs, sieben, acht, neun, zehn.

 1 Hör zu. Wie schnell kannst du von null bis zehn zählen?

 2 Hör zu. Wie haben sie gespielt? Ergänze die Tabelle.

> Null, eins, zwei . . .

1. FC Köln – Hertha BSC Berlin   2 :
Fortuna Düsseldorf – SV Hamburg
1. FC Nürnberg – 1. FC Kaiserslautern
VFB Stuttgart – FC Bayern München
Eintracht Frankfurt – Dynamo Dresden

 3 i) Trag diese Tabelle ins Heft ein.
ii) Markier zehnmal X.
iii) Wo sind die zehn X von deinem Partner oder deiner Partnerin?

> **A** 3D?
> **B** Nein. 6A?
> **A** Ja. 4C?

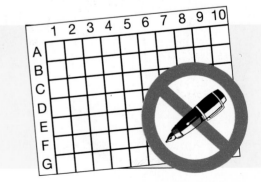

Auf dem Messegelände

Die Klasse 8A macht eine Umfrage.

4 Ergänze Erdals Umfrage.

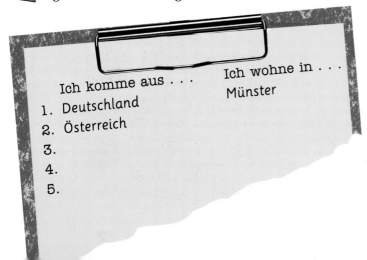

Ich komme aus . . .
1. Deutschland
2. Österreich
3.
4.
5.

Ich wohne in . . .
Münster

5 Was fragt Erdal?

a) Wo wohnst du?

b) Wo wohnt ihr?

c) Wo wohnen Sie?

1b

 1 2  3  4

6 Macht Dialoge.

A: Wie heißen Sie?

B: Ich heiße Herr Müller.

A: Woher kommen Sie?

B: Ich komme aus Deutschland.

A: Wo wohnen Sie?

B: Ich wohne in Bonn.

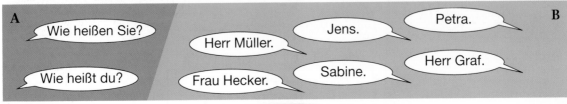

A: Wie heißen Sie?

Wie heißt du?

B: Herr Müller. Jens. Petra. Frau Hecker. Sabine. Herr Graf.

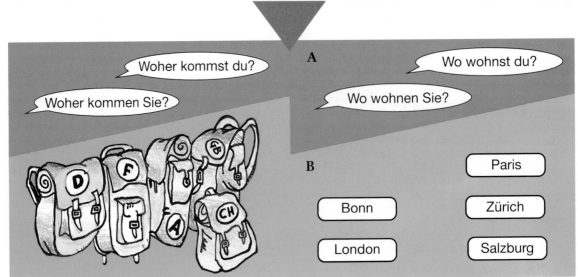

Woher kommst du? A Wo wohnst du?

Woher kommen Sie? Wo wohnen Sie?

B: Paris Bonn Zürich London Salzburg

Stufenzählen

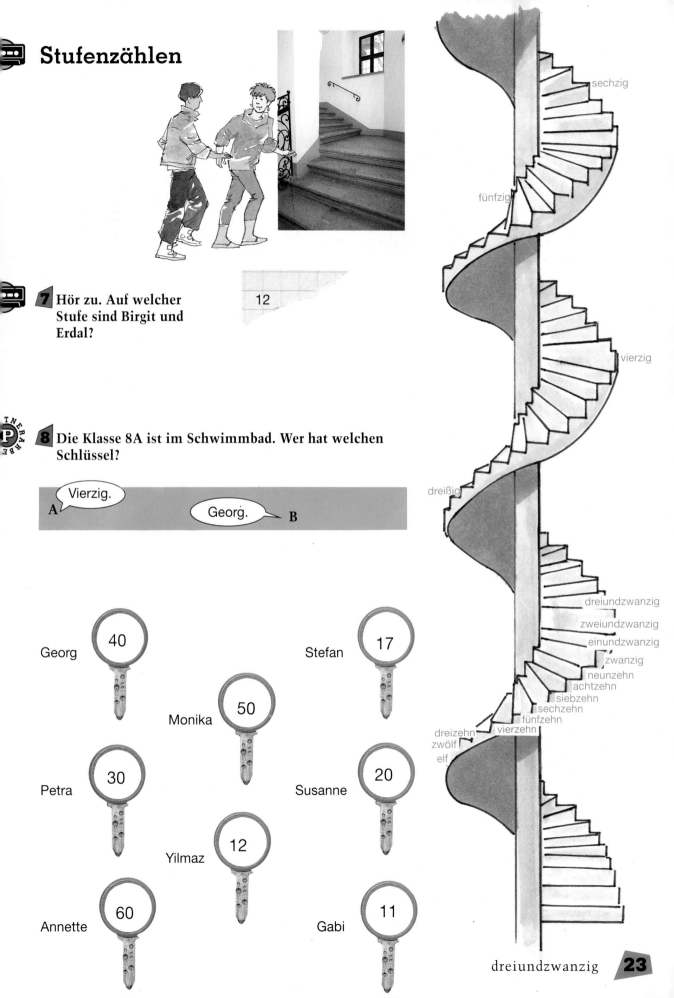

7 Hör zu. Auf welcher Stufe sind Birgit und Erdal?

12

8 Die Klasse 8A ist im Schwimmbad. Wer hat welchen Schlüssel?

Vierzig.
A

Georg.
B

Georg — 40

Monika — 50

Petra — 30

Annette — 60

Yilmaz — 12

Stefan — 17

Susanne — 20

Gabi — 11

sechzig
fünfzig
vierzig
dreißig
dreiundzwanzig
zweiundzwanzig
einundzwanzig
zwanzig
neunzehn
achtzehn
siebzehn
sechzehn
fünfzehn
vierzehn
dreizehn
zwölf
elf

Steckbrief

Ich komme aus Österreich.
Ich wohne in Zell am See.

Zell am See

Kannst du deinen eigenen Steckbrief machen?

PRIMA! DU KANNST JETZT . . .

zählen:	eins, zwei . . . zwanzig, dreißig, vierzig, fünfzig, sechzig
fragen:	Wo wohnst du? Wo wohnen Sie? Woher kommst du? Woher kommen Sie?
sagen:	Ich komme aus Deutschland/Österreich/ Großbritannien/Frankreich/der Schweiz. Ich wohne in . . .

Numbers

The system of numbers in German is similar to English once you know 1 – 10. See if you can complete this list in your vocabulary book.

```
11 = elf
12 = zwölf
13 = dreizehn (drei+zehn)
14 = ?
15 = ?
16 = sechzehn  → the s of sechs is dropped
17 = ?         → the en of sieben is dropped
18 = ?
19 = ?
20 = zwanzig
30 = dreißig
40 = vierzig (vier+zig)
50 = ?
60 = ?         → the s of sechs is dropped
70 = ?         → the en of sieben is dropped
80 = ?
90 = ?
```

Do you remember the nursery rhyme 'Sing a song of sixpence'? Here's a line from it:

FOUR AND TWENTY BLACKBIRDS BAKED IN A PIE

German numbers from twenty go like this:

24 = *vierundzwanzig* (4 + 20)
36 = *sechsunddreißig* (6 + 30)
47 = *siebenundvierzig* (7 + 40)

Can you work out how to say these numbers?

The German for '(a) hundred' and '(a) thousand' is like English:

100 = *(ein)hundert*
1 000 = *(ein)tausend*

```
200    = zweihundert
220    = zweihundertzwanzig
2 200  = zweitausendzweihundert
22 200 = zweiundzwanzigtausendzweihundert
22 220 = zweiundzwanzigtausendzweihundertzwanzig
```

In German you always write numbers as one word. If you're writing a cheque you will need to write the number out in full.

Which is the right amount on this cheque:
a) DM 219, –
b) DM 290, –
c) DM 299, – ?

LERNZIELE

You will learn . . .

- how to ask a friend how old they are
- how to say how old you are
- how to ask a friend about their (step) sisters and brothers
- how to talk about your (step) sisters and brothers
- how to use the larger numbers.

Party in Leipzig

*Frau Hönig und die Klasse 8C aus Leipzig
laden die 8A aus Garbsen ein . . .*

a) Hallo! Wie heißt du?

b) Ich heiße Eva.

c) Wie alt bist du?

d) Ich bin vierzehn.

e) Hast du Geschwister?

f) Ja, ich habe einen Bruder.

g) Wie alt bist du, Peter?

h) Ich bin fünfzehn.

i) Hans, hast du Geschwister?

j) Ja, ich habe zwei Schwestern.

k) Natalie, hast du Geschwister?

l) Ja, ich habe zwei Brüder und eine Schwester.

m) Karola, hast du Geschwister?

n) Nein, ich bin Einzelkind.

Wie heißt du?

Wie bitte?

1 Hör zu. Sieh dir die Bilder auf Seite 26 an. Wer spricht?

1c

2 Was paßt zusammen?

1. Ich bin Einzelkind.
2. Ich habe einen Bruder.
3. Ich habe drei Schwestern.
4. Ich bin fünfzehn.
5. Ich habe eine Schwester und zwei Brüder.

1d

a

b

c

d

e

Interview

 Wie heißt du? — Ich heiße Birgit Schulze.

 Wo wohnst du? — Ich wohne in Garbsen.

 Wie alt bist du? — Ich bin vierzehn.

 Hast du Geschwister? — Ja, ich habe einen Bruder. Er heißt Michael. Ich habe auch eine Stiefschwester und einen Stiefbruder.

Ich heiße Martin Redfern.
Redfern ist ein
englischer Name.
Mein Vater kommt aus
England.
Ich bin vierzehn Jahre
alt.
Ich habe eine Schwester.
Sie heißt Lisa. Sie ist
zwanzig Jahre alt.
Wir wohnen in Garbsen.

Mein Name ist Erdal
Güney.
Ich bin vierzehn Jahre alt.
Mein Vater und meine
Mutter kommen aus der
Türkei.
Ich bin in Hannover
geboren. Wir wohnen in
Garbsen.
Meine Schwester heißt
Sibel und mein Bruder
heißt Kemal.

Mein Name ist Jan
Petersen.
Ich bin vierzehn und
wohne in Garbsen,
Diamantstraße 100.
Ich habe eine
Schwester, Claudia, und
zwei Brüder, Stefan und
Heiko.

Ich heiße Eva Pfeiffer.
Ich bin Einzelkind.
Ich wohne in Garbsen.
Ich bin dreizehn Jahre alt.
Ich bin im Rollstuhl.

3 **Sieh dir Birgits Liste an. Mach Listen für Martin, Erdal, Jan und Eva.**

Name Birgit Schulze
Alter 14
Wohnort Garbsen
Geschwister 1 Bruder, 1 Stiefbruder,
1 Stiefschwester

4 **Macht eine Klassenumfrage.**

Wie heißt du?

Wie alt bist du?

Woher kommst du?

Wo wohnst du?

Hast du Geschwister?

Ruf mal an!

```
35 25 67
59 80 45
43 30 74
86 63 71
```

 5 Hör zu. Wen ruft man an?

1. Petra

Erdal ☎	39 58 62
Jan ☎	79 42 55
Eva ☎	75 63 29
Birgit ☎	87 40 31
Petra ☎	34 56 12
Martin ☎	96 73 29

NOTIZEN

 6 Hör zu. Wie viele Kilometer oder Meilen sind es?
Ergänze die Tabelle.

		Kilometer	Meilen
Aachen	Düsseldorf	80	50
Salzburg	Straubing	160	?
Bonn	Ulm	?	270
Zürich	Leipzig	?	?
Wien	London	1504	?

7 a) Wie viele Meilen sind es zwischen
den Städten oben?

A Achtzig Kilometer.

Fünfzig Meilen. B

b) Wie viele Meilen sind es zu den
Städten unten?

A Acht Kilometer.

Fünf Meilen. B

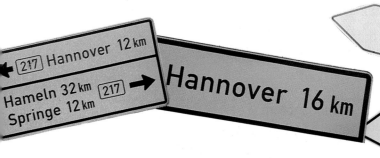

Hannover 12 km [217]

Hameln 32 km [217] →
Springe 12 km

Hannover 16 km

Hemmingen 8 km
Ihme-Roloven 2 km

Bad Nenndorf 24 km
Bad Münder 4 km

Ich heiße Julia.

Ich habe eine Stiefschwester.

Sie heißt Anna

Ich wohne in Rothenburg ob der Tauber.

14

Ich bin 14 Jahre alt.

Kannst du deinen eigenen Steckbrief machen?

PRIMA! DU KANNST JETZT . . .

fragen:	Wie alt bist du? Hast du Geschwister?
sagen:	Ich bin . . . Jahre alt. Ich habe eine Schwester/einen Bruder/zwei Schwestern/zwei Brüder/eine Stiefschwester/einen Stiefbruder. Ich bin Einzelkind.
zählen:	siebzig, einundsiebzig . . ., achtzig, neunzig, (ein)hundert, zweihunderteins, zweihunderteinundzwanzig . . .

Germany

This party between the two classes from Leipzig and Garbsen would have been very difficult to arrange before 1990. Can you say why? The photos below might give you a clue.

Frau Hönig und die Klasse 8C aus Leipzig laden die 8A aus Garbsen ein . . .

m) *Karola, hast du Geschwister?*

n) *Nein, ich bin Einzelkind.*

Which photos are from which dates?
a) 1945
b) 1945 – 1948
c) 1948
d) 1948
e) 1961
f) 1989
g) 1990 – present day

1. The Berlin Airlift

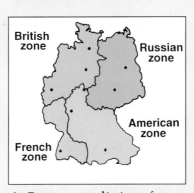

2. The Berlin Wall

3. Germany in ruins after the Second World War

Deutschland

4. Unification

5. Opening of Berlin Wall

British zone
Russian zone
American zone
French zone

6. Germany split into four zones by France, the USA, Britain and Russia

DDR
BRD

7. A divided Germany

Wiederholung

1 a) Richtig (✔) oder falsch (✗)?

1. Ich habe acht Brüder und sieben Schwestern.

2. Ich bin dreizehn Jahre alt.

3. Ich heiße Meike.

4. Ich wohne in Hannover.

b) Schreib die Sätze richtig auf.

2 a) Hör zu. Schreib die Gewinnzahlen auf.

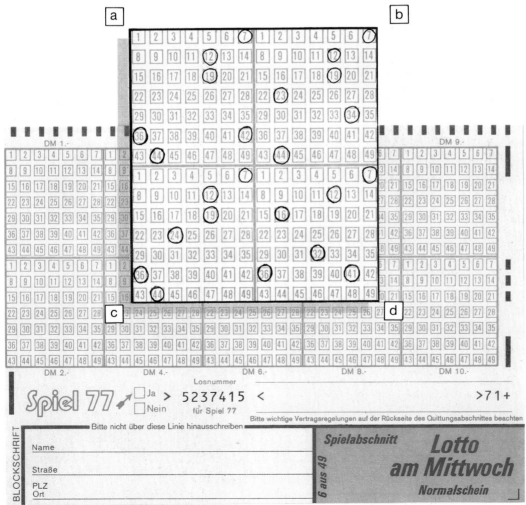

b) Welches Kästchen gewinnt?

3 Hör zu. Welches Auto ist das?

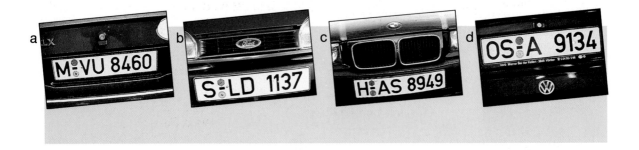

a **M:VU 8460**

b **S:LD 1137**

c **H:AS 8949**

d **OS:A 9134**

 4 Was paßt zusammen?

1c

1. Guten Abend.
   Herzlich willkommen
   im Studio.

2. Wie heißen Sie?

3. Wie heißt du?

4. – Auf Wiedersehen,
   E.T.
   – Auf Wiedersehen,
   Eliot.

5. Dreißig/fünfzehn.

6. Guten Tag. Ich
   wohne im Zoo.

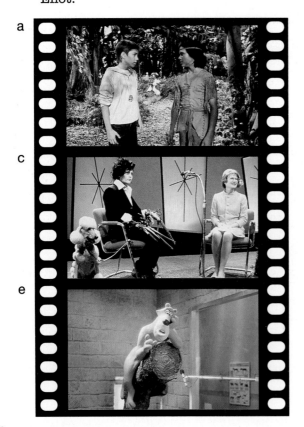

a

b

c

d

e

f

5 Macht Dialoge.

6 Trag diese Tabelle ins Heft ein. Lies den Text und ergänze die Tabelle.

Michael hat eine Schwester. Sie ist siebzehn Jahre alt.

Melanies Schwester ist fünfzehn Jahre alt.

Anna ist Einzelkind.

Ein Mädchen ist dreizehn Jahre alt.

Ein Mädchen hat eine Schwester – sie heißt Melanie.

Julias Bruder heißt Michael.

NAME	ALTER	BRUDER (NAME)	SCHWESTER (NAME)
Anna			
Julia			
Katrin			

LERNZIELE

You will learn . . .

- how to say what things are
- how to say what you have
- how to say what you do not have
- how to say what you would like
- how to ask a friend what they have.

Kunst

Die Klasse 8A geht heute in die Schule mit der Klasse 8C. Sie haben Kunst.

Was ist denn das?

Das ist ein Fahrrad.

Ein Skateboard, natürlich.

Und das?

Aber natürlich! Seht mal her. Das bin ich, und das ist eine Katze.

Und was ist denn das?

Also, das ist ein Walkman.

Ach, wirklich?

Na klar! Was ist denn das?

Ein Fernseher.

Na komm! Und das?

Das ist Bugs. Ein Kaninchen.

Erdal, das ist ein Computer, oder?

Das ist ein Hund. Er heißt Bruno. Und das ist eine Uhr.

Ja, und das ist eine Maus. Was ist das, Eva?

Ein Hund und eine Uhr. Mmmh. Interessant!

1 Wem gehört welches Bild?

a   b   c   d   e

2 Was ist das?

a) Das ist ein Fahrrad.

a

b

c

d

e

f

 # Vox pop I

1. Ich habe einen Hund und eine Katze.

4. Ich habe einen Fernseher, einen Computer und einen Walkman.

2. Ich habe eine Katze und ein Kaninchen.

5. Ich habe eine Uhr und einen Fernseher.

3. Ich habe ein Kaninchen, eine Maus und eine Uhr.

6. Ich habe einen Hund, ein Fahrrad und ein Skateboard.

3 Sieh dir die Bilder 1 – 6 an. Was paßt zusammen?

1c

 a

b

c

d

e

f

Vox pop II

7. Ich habe einen Hund, aber ich habe keine Katze.

9. Ich habe einen Computer und ein Fahrrad, aber ich habe kein Kaninchen und kein Skateboard.

8. Ich habe keinen Fernseher.

10. Ich habe keinen Walkman, aber ich habe einen Fernseher.

4 Sieh dir die Bilder 7 – 10 an. Was paßt zusammen?

7d

a   b   c   d

 5 Trag diese Tabelle ins Heft ein. Hör zu. Ergänze die Tabelle.

	Uhr	Fernseher	Katze	Hund	Walkman	Maus	Skateboard
1.	√	√	X	X	–	√	√
2.							
3.							
4.							

 # Vox pop III

11. Ich hätte gern einen Walkman.

13. Ich hätte gern einen Fernseher.

12. Ich hätte gern eine Maus.

14. Ich hätte gern einen Hund.

6 Sieh dir die Bilder 11 – 14 an. Was paßt zusammen?

a

b

c

d

7 Macht Dialoge.

Hast du einen Computer?

A

Nein, aber ich hätte gern einen Computer.

B

A

Hast du einen . . . ?

B

Ja, ich habe einen . . .

Nein, ich habe keinen . . .

Nein, aber ich hätte gern einen . . .

A

Hast du eine . . . ?

B

Ja, ich habe eine . . .

Nein, ich habe keine . . .

Nein, aber ich hätte gern eine . . .

A

Hast du ein . . . ?

B

Ja, ich habe ein . . .

Nein, ich habe kein . . .

Nein, aber ich hätte gern ein . . .

Ich hätte gern ein Fahrrad.

Ich habe ein Skateboard.

Ich habe keine Katze.

Kannst du deinen eigenen Steckbrief machen?

PRIMA! DU KANNST JETZT . . .

sagen:	Das ist ein Computer/ein Fernseher/ ein Hund/ein Walkman/eine Uhr/eine Katze/ eine Maus/ein Kaninchen/ein Skateboard/ ein Fahrrad.
fragen:	Hast du einen Computer/einen Fernseher/ einen Hund/einen Walkman/eine Uhr/ eine Katze/eine Maus/ein Kaninchen/ ein Skateboard/ein Fahrrad?
sagen:	Ich habe einen/eine/ein . . . Ich habe keinen/keine/kein . . . Ich hätte gern einen/eine/ein . . .

Infoseite

For more information turn to pages 179 and 180.

Words for 'a'

There are three groups of nouns in German. Each group has its own word for 'a'.

ein = masculine

eine = feminine

ein = neuter

Each time you learn a German noun it will help if you remember which group it belongs to. See how many of these you can remember.

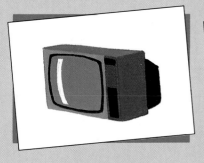

a

b

c

Did you notice how *ein* changed sometimes in this unit?

Also, das ist ein Walkman.

11. Ich hätte gern einen Walkman.

Look at these two sentences. Would you use *ein* or *einen*?

1. *Ich habe* ❓ *Hund.*
2. *Das ist* ❓ *Hund.*

Eine and *ein* stay the same in this unit. Can you write out these sentences?

3. *Das ist* ❓ *Katze.*

4. *Ich habe* ❓ *Maus.*

5. *Das ist* ❓ *Skateboard.*

6. *Ich habe* ❓ *Katze.*

7. *Ich hätte gern* ❓ *Kaninchen.*

Do you know any other languages which have different words for 'a'?

 # Ein Abend in der Jugendherberge

1 Hör zu. Richtig oder falsch?

Viele Grüße aus LEIPZIG Sachsen

1

Leipzig

2

LEIPZIG

3

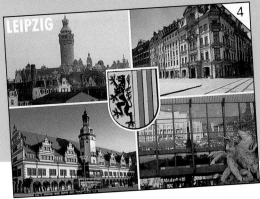

LEIPZIG

4

2 Wer ist wer? Was sagt Erdal?
Schreib es auf.

1. Das ist mein Bruder . . .

meine Schwester

meine Großmutter

meine Mutter   mein Bruder

mein Großvater   mein Vater

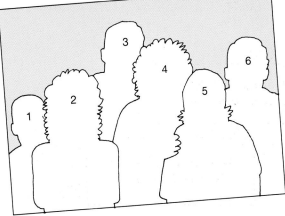

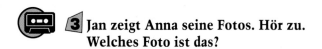

3 Jan zeigt Anna seine Fotos. Hör zu.
Welches Foto ist das?

1c

a
b
c
d
e
f

4 B: Erfinde eine neue Familie. Mach eine
Liste.

Großvater – Klaus
Mutter – Iris

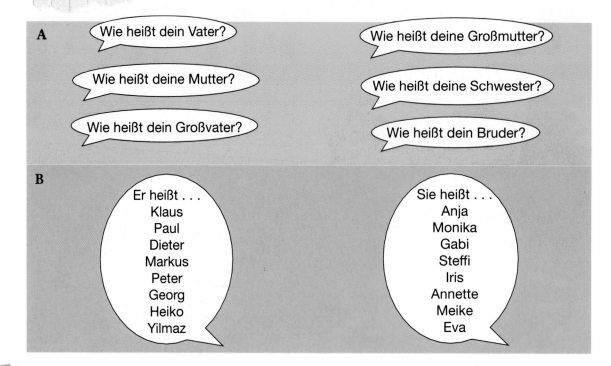

A Wie heißt dein Großvater?

Er heißt Klaus. B

A Wie heißt dein Vater?

Wie heißt deine Großmutter?

Wie heißt deine Mutter?

Wie heißt deine Schwester?

Wie heißt dein Großvater?

Wie heißt dein Bruder?

B

Er heißt . . .
Klaus
Paul
Dieter
Markus
Peter
Georg
Heiko
Yilmaz

Sie heißt . . .
Anja
Monika
Gabi
Steffi
Iris
Annette
Meike
Eva

Beim Abendessen

Ich esse . . .

a) Salat

b) Schinken

c) Käse

d) Wurst

e) Brot

f) Chips

g) Joghurt

Ich trinke . . .

h) Mineralwasser

i) Orangensaft

j) Cola

k) Limonade

l) Milch

5 a) **Hör zu. Was essen und trinken Jan, Martin, Eva, Erdal und Birgit?**

Jan: d, e, f, h, l

b) **Schreib die Sätze auf.**

Jan: Ich esse Wurst, Brot und Chips. Ich trinke Mineralwasser und Milch.

6 A: **Wähl eine Person in Übung 5.**
B: **Wer ist A?**

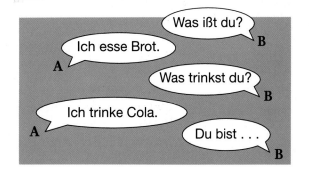

Kannst du deinen eigenen Steckbrief machen?

PRIMA! DU KANNST JETZT . . .

fragen:	Wie heißt dein Vater/dein Großvater/ deine Mutter/deine Großmutter?
sagen:	Er/Sie heißt . . .
fragen:	Was ißt du? Was trinkst du?
sagen:	Ich esse Salat/Schinken/Käse/Wurst/Brot/ Chips/Joghurt. Ich trinke Mineralwasser/Orangensaft/Cola/ Limonade/Milch.

My and your

In this unit you have learned the words for 'your' if you are talking to someone as *du* and 'my'. Which words from unit 6 do they remind you of?

▶ *mein/dein* works like *ein* (masculine) ◀

▶ *meine/deine* works like *eine* (feminine) ◀

▶ *mein/dein* works like *ein* (neuter) ◀

How would you talk about these things if they were yours?

a) Das ist mein Hund.

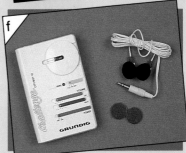

How would you talk about them if they were your friend's?

a) Das ist dein Hund.

- Work in fours.
- Sketch the items above on separate pieces of paper.
- Turn them all face down.
- Take it in turns to turn over a picture and say whose it is.
- If you guess correctly, you can keep the picture.
- If you guess incorrectly, put the picture back face down.
- The winner is the one with the most pictures.

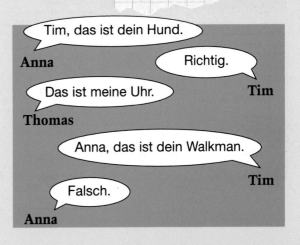

Tim, das ist dein Hund. — **Anna**

Richtig. — **Tim**

Das ist meine Uhr. — **Thomas**

Anna, das ist dein Walkman. — **Tim**

Falsch. — **Anna**

LERNZIELE

You will learn . . .

- how to say which school subjects you do
- how to say which subjects you like and dislike
- how to ask a friend if they like certain subjects.

Schulbesuch in Leipzig

Die Klasse 8C zeigt der Klasse 8A ihre Schule.

Hier ist unser Klassenzimmer. Hier haben wir . . .

Deutsch

Englisch

Französisch

Mathe

Erdkunde

Geschichte

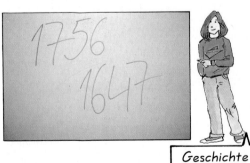

Hier haben wir Religion.

Wo hast du Biologie?

Hier. In Zimmer 103.

Hier haben wir Musik.

Dort haben wir Sport.

Und hier haben wir Kunst.

1 Trag diese Liste ins Heft ein. Hör zu. Wo hat die Klasse jedes Fach? Ergänze die Liste.

Biologie

Deutsch   2

Englisch

Erdkunde

Geschichte

Religion

Kunst

Mathe

Sport

Musik

Französisch

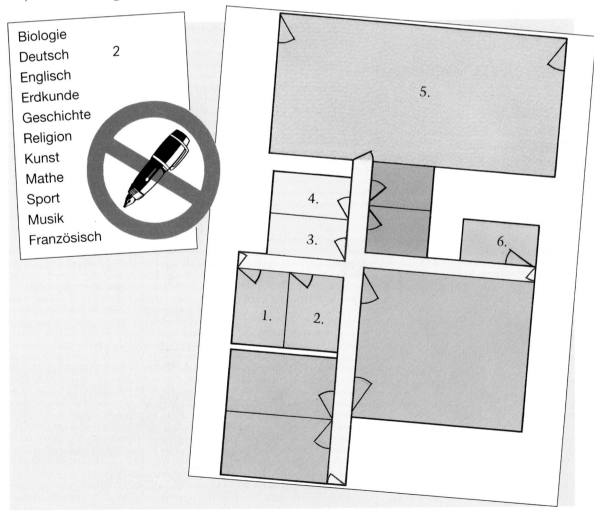

2 Welches Fach ist das?

a) Erdkunde

a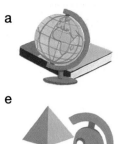

b

c

d

e

f

g

h

i

j

k

3

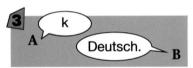

A — k
Deutsch. — B

  # Zurück in Garbsen

Ach, die Schule schon wieder! Deutsch gefällt mir nicht. Englisch gefällt mir nicht. Mathe gefällt mir gar nicht und Erdkunde überhaupt nicht!

Also, Erdkunde gefällt mir gut. Religion auch. Mathe gefällt mir wirklich gut. Kunst gefällt mir aber nicht.

Also, Englisch gefällt mir wirklich gut! Biologie gefällt mir, aber Mathe gefällt mir nicht.

Kunst, das geht, aber Sport gefällt mir wirklich gut. Geschichte gefällt mir auch gut. Nur Englisch gefällt mir gar nicht.

Also, Mathe gefällt mir sehr gut und Englisch auch. Nur Biologie gefällt mir nicht.

4 Was paßt zu wem?

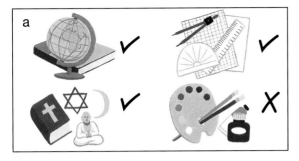

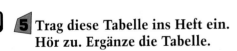 **5** Trag diese Tabelle ins Heft ein. Hör zu. Ergänze die Tabelle.

	. . . gefällt mir.	. . . gefällt mir nicht.
Biologie	√	X
Deutsch		
Englisch		
Erdkunde		
Geschichte		
Religion		
Kunst		
Mathe		
Sport		
Musik		
Französisch		

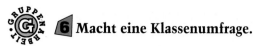

6 **Macht eine Klassenumfrage.**

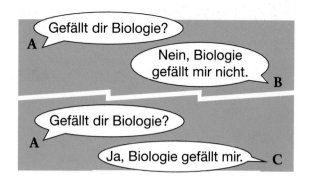

Was ist euer Lieblingsfach?

Steckbrief

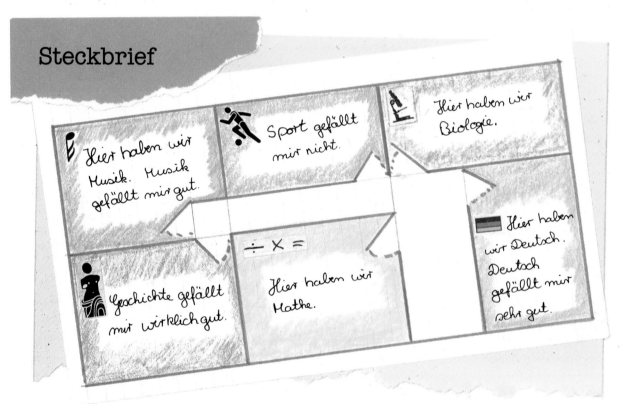

Kannst du deinen eigenen Steckbrief machen?

PRIMA! DU KANNST JETZT ...

sagen: Biologie/Deutsch/Englisch/Französisch/
Erdkunde/Geschichte/Religion/Kunst/Mathe/
Sport/Musik

fragen: Gefällt dir ... ?

sagen: ... gefällt mir gut/sehr gut/wirklich gut.
... gefällt mir nicht/gar nicht/überhaupt nicht.

Using the alphabetical word list and a dictionary

 Welches Fach ist das?

Did you know what that question meant? The word you needed to understand is *Fach*. If you didn't know what it meant did you:

a) guess

b) ask someone else

c) look it up?

You can't always guess the meaning of words and sometimes there's no-one else about to ask. That's why it's important that you can look up words you don't understand.

The easiest thing to do when you come across a new word in *Gute Reise!* is to look it up in the alphabetical word list at the back.

euch	you
stellt euch vor	introduce yourselves
euer(e)	your
F	
die **Fabrik(en)**	factory
das **Fach(-̈er)**	subject
der **Facharbeiter(-)**	skilled worker (*male*)
die **Facharbeiterin(nen)**	skilled worker (*female*)

Can you match these words to their English meaning? You'll need to use the alphabetical word list.

a) *Geburtstag* diary

b) *Terminkalender* teacher

c) *Lehrer* town

d) *Stadt* birthday

What do you do if you want to find out a new German word? Perhaps you wanted to say you play cricket in your *Steckbrief*. To discover the German word for cricket, you need to find an English – German dictionary.

Look under C and see if you can find the word C.R.I.C.K.E.T.

cricket[1] [krɪkɪt] *n (insect)* Grille *f*. **cricket**[2] *n (Sport)* Kricket *nt*. **that's not** ~ *(fig col)* das ist nicht fair. **cricket** *in cpds* Kricket-; ~ **bat** *n* (Kricket)schlag-holz *nt*

Which German word do you need?

Be careful when you look up the German for an English word. Make sure you choose the right one.

Can you use a dictionary to find the correct German word for these things?

Honey

Letter

N.O. Body
59 Main Street
Sometown
TN16 1HL

Safe

Lektion 9

LERNZIELE

You will learn . . .

- how to give your opinion about something
- how to ask your friend(s) their opinion
- how to show that you agree or disagree with someone.

 Sperrmüll

 1 Hör nochmal zu. Positiv oder negativ? Mach zwei Listen.

+	−
1	2

Die Klasse 8A hat Fotos von Leipzig gemacht.

2 a) **Wie findest du die Fotos? Schreib**
deine Meinung auf.

a) gut

b) super

c) langweilig

d) schrecklich

e) doof

f) toll

g) süß

h) interessant

b) **Wie findet deine Partnerin oder dein Partner die Fotos?**
Frag mal.

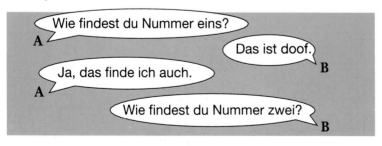

A Wie findest du Nummer eins?

Das ist doof. B

Ja, das finde ich auch.
A

Wie findest du Nummer zwei? B

3 a) **Sieh dir die Wörter zu Übung 2 an. Hör zu. Wie findet**
die Klassenlehrerin die Fotos?

b) **Sieh dir deine Liste an. Wie viele Antworten sind**
gleich?

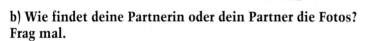

1c

Kritik üben

4 Wer gibt diese Punkte?   a) Eva

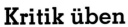

5 a) **Hör zu. Wie viele Punkte bekommt jedes Programm?**

ARD: 11

positiv = 3
neutral = 2
negativ = 1

b) **Welches Programm ist das beste?**

6 **Arbeitet zu viert.**

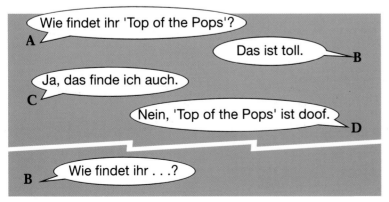

A: Wie findet ihr 'Top of the Pops'?

B: Das ist toll.

C: Ja, das finde ich auch.

D: Nein, 'Top of the Pops' ist doof.

B: Wie findet ihr . . .?

Deutsche Top-Ten

1 (3) **Ich hab' mich so auf dich gefreut**
Matthias Reim
2 (2) **Aloha Heya He**
Achim Reichel
3 (1) **Ich bin der Martin, ne**
Diether Krebs
4 (5) **Gabi und Klaus**
Die Prinzen
5 (4) **Kribbeln im Bauch**
Pe Werner
6 (6) **Lena**
Pur
7 (7) **Ich hätt' dich sowieso geküßt**
Patrick Lindner
8 (10) **Sonnenschein im Blut**
G. G. Anderson
9 (9) **Wind auf der Haut und Lisa**
Roland Kaiser
10 (6) **Antonio**
Kristina Bach

Wie findest du Lena?

Das ist super.

Und Sonnenschein im Blut?

Na ja, das geht.

Wie findest du Aloha Heya He?

Das ist langweilig, aber Ich bin der Martin, ne ist wirklich toll.

Wie findest du Antonio?

Das ist wirklich doof...

Kannst du deinen eigenen Steckbrief machen?

PRIMA! DU KANNST JETZT . . . ▼

fragen:	Wie findest du . . .? Wie findet ihr . . .?
sagen:	Das ist wirklich/sehr/ziemlich süß/super/toll/interessant/gut/langweilig/doof/schrecklich. Das geht. Das finde ich auch. Nein, das ist . . .
verstehen:	das Poster, der Sticker, die Lampe, das Bild, das Buch, das Foto, die Bluse, der Teddybär

German and English similarities

Do you remember these words from the *Infoseite* in unit 1?

How many German words can you find in this unit which are spelled exactly the same as in English?

There are also many words which are spelled similarly both in German and English. Look at these. Can you guess what they mean?

How many words can you find in this unit which are spelled similarly both in German and English?

Wiederholung

1 Wähl die richtige Antwort.

a) Markus hat . . .
1. Biologie
2. Deutsch
3. Sport.

b) Markus findet die Stunde . . .
1. super
2. langweilig
3. toll.

c) Markus träumt. Jetzt findet er Biologie . . .
1. sehr langweilig
2. wirklich doof
3. wirklich interessant.

d) Die Mäuse finden die Supermaus . . .
1. toll, süß und wirklich gut
2. super, toll und wirklich gut
3. toll, interessant und super.

e) Die Katzen finden die Supermaus . . .
1. doof und schrecklich
2. doof, schrecklich und langweilig
3. toll, super und gut.

f) Die Lehrerin sagt: Sieh dir Seite . . .
1. fünfundvierzig an
2. vierundfünfzig an
3. fünfundfünfzig an.

Die Klasse 8f3 in Garbsen hat unseren Fragebogen ausgefüllt.

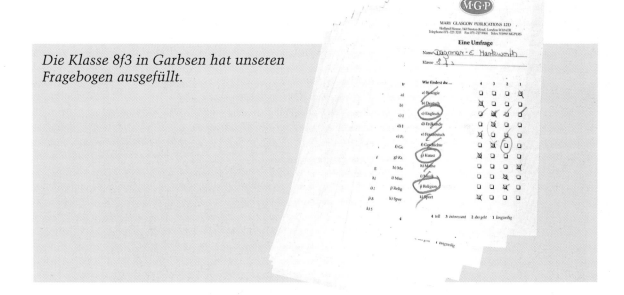

2 a) Sieh dir die Umfrage oben an. Hör zu. Wie viele Punkte hat jedes Fach?

57: g

| 57 | 41 | 47 | 54 | 36 | 53 | 50 | 32 | 63 | 51 | 49 |

b) Was ist das Lieblingsfach von der Klasse 8f3? Mach eine Liste von 1 bis 11.

1. Sport

3 **a) Wer macht das? Mach eine Liste.**

das Fahrrad = Müsing

**b) Wie viele andere deutsche Produkte
kennst du? Mach eine Liste.**

4 Arbeitet zu viert. Wer ißt alles auf?

A: Was ißt du?

B: Ich esse Wurst. Was ißt du?

C: Ich esse Wurst und Chips. Was ißt du?

D: Ich esse Wurst, Chips und Joghurt. Was ißt du?

Jetzt wird's schwieriger!

Wer ißt alles auf und trinkt alles aus?

A: Was ißt du?

B: Ich esse Käse. Was ißt du?

C: Ich esse Käse und Joghurt. Was trinkst du?

D: Ich esse Käse und Joghurt. Ich trinke Limonade. Was ißt du?

A: Ich esse Käse, Joghurt und Brot. Ich trinke Limonade. Was trinkst du?

5 a) Was fehlt bei B, F, H, K, P, T, W und Z? Schreib die Wörter auf.

b) Was gefällt dir? Kannst du dein eigenes Alphabet machen? Du findest Ideen in *Gute Reise!* Lektion 1 – 9 oder in einem Wörterbuch.

LERNZIELE

You will learn . . .
- how to say what you are doing on a certain day
- how to ask a friend what they are doing
- how to ask a friend when their birthday is
- how to say when your birthday is.

 # Was macht Martin nächste Woche?

Martins Vater wohnt in Garbsen. Seine Mutter wohnt in Hannover.

a ... *fährt Vater nach Erfurt.*

b ... *kommt er wieder nach Garbsen.*

Garbsen

c ... *bin ich zu Hause in Hannover.*

g ... *spiele ich Fußball.*

d ... *gehe ich mit Jan ins Kino.*

KINO

e ... *fahre ich nach Hamburg.*

f ... *gehe ich wieder zu Vater.*

Montag	13	Dienstag	14	Mittwoch	15
Donnerstag	16	Freitag	17	Samstag	18
				Sonntag	19

1 Hör nochmal zu. Sieh dir die Bilder auf Seite 64 an.
Was passiert jeden Tag?

Montag d	Donnerstag	Samstag	
Dienstag	Freitag	Sonntag	
Mittwoch			

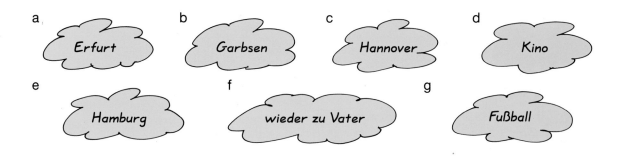

2 Hör nochmal zu. Wer macht das? Martin, seine Mutter
oder sein Vater?   a) Vater

a *Erfurt*   b *Garbsen*   c *Hannover*   d *Kino*

e *Hamburg*   f *wieder zu Vater*   g *Fußball*

3 a) Trag in deinen Terminkalender ein.

Montag	Kino
Dienstag	nach Erfurt
Mittwoch	nach Erfurt
Donnerstag	in Hannover
Freitag	Kino
Samstag	Fußball
Sonntag	nach Bonn

Am				
	Montag	spiele	ich	Fußball.
	Dienstag	fahre		nach Erfurt.
	Mittwoch	gehe		ins Kino.
	Donnerstag	bin		in Hannover.
	Freitag			
	Samstag			
	Sonntag			

 b) **Was macht deine Partnerin oder dein Partner?**

A — Was machst du am Montag?

B — Am Montag gehe ich ins Kino.

4 a) **Mach eine Liste von Januar bis Dezember.**

Januar
Februar

b) **Hör zu. Welche Zeitschrift ist das?**

1. Aktuell

5 Hör zu. Wer ist das? 1g

WANN HAST DU GEBURTSTAG?

a) *Am ersten Februar.*

b) *Am vierundzwanzigsten Oktober.*

c) *Am dreißigsten April.*

d) *Am sechzehnten September.*

e) *Am vierten Juli.*

g) *Am siebten August.*

f) *Am dritten März.*

6 Was paßt zusammen? 1c

1. am zweiten März	a) 12. 10.
2. am achten Januar	b) 26. 05.
3. am zwölften Oktober	c) 02. 03.
4. am sechsundzwanzigsten Mai	d) 15. 06.
5. am fünfzehnten Juni	e) 08. 01.

 7 Hör zu. Schreib das Datum auf. 1. Am 24. Mai.

8 **Macht eine Klassenumfrage.**

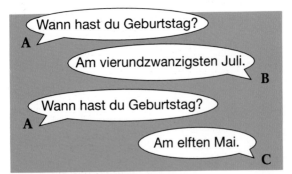

A — Wann hast du Geburtstag?

Am vierundzwanzigsten Juli. — B

A — Wann hast du Geburtstag?

Am elften Mai. — C

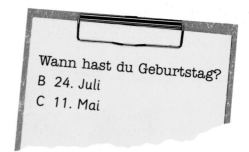

Wann hast du Geburtstag?
B 24. Juli
C 11. Mai

Steckbrief

Wann hast du Geburtstag?

Am 8. Juli.

Am 12. Mai.

Am 26. März.

Am 24. Februar.

Am 12. Oktober.

Am 1. Dezember.

Kannst du deinen eigenen Steckbrief machen?

PRIMA! DU KANNST JETZT . . .

sagen:	Montag, Dienstag, Mittwoch, Donnerstag, Freitag, Samstag, Sonntag
	Januar, Februar, März, April, Mai, Juni, Juli, August, September, Oktober, November, Dezember
fragen:	Was machst du am . . .?
sagen:	Am . . . spiele ich Fußball/ bin ich in Hannover/fahre ich nach Erfurt/ gehe ich ins Kino.
fragen:	Wann hast du Geburtstag?
sagen:	Am elften April.

Dates

When you're using dates in German, the numbers you have already learned change slightly. They do this in English as well.

Can you remember how you say dates in German? See if you can complete this list in your vocabulary book.

1. am ers*ten*	11.	21. am einundzwanzig*sten*
2. am zwei*ten*	12.	30.
3. am drit*ten*	13.	40.
4. am vier*ten*	14.	50.
5. am fünf*ten*	15.	60.
6. am sechs*ten*	16.	70.
7. am sieb*ten*	17.	80.
8. am ach*ten*	18.	90.
9.	19.	
10.	20. am zwanzig*sten*	

Look at these papers. Choose a paper and say that date. Can your partner spot which paper you are talking about?

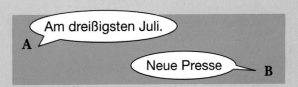

A — Am dreißigsten Juli.

Neue Presse — B

BERLINER MORGENPOST
Berlin – 17. Mai 1992

die tageszeitung
Berlin – 11. August 1992

Neue Presse
Hannover – 30. Juli 1992

Süddeutsche Zeitung
München – 09. Dezember 1992

Hamburger Abendblatt
Hamburg – 07. Oktober 1992

LERNZIELE

You will learn . . .
- how to say what the time is
- how to ask what the time is.

 Niemand zu Hause

Wieviel Uhr ist es?

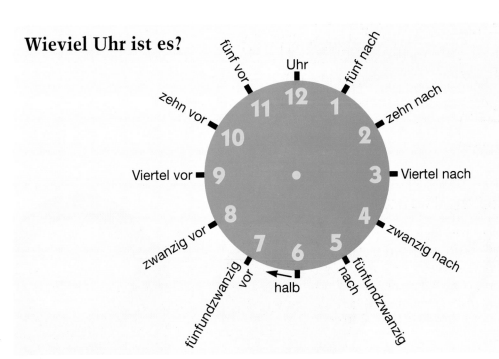

Uhr
fünf nach
fünf vor
zehn nach
zehn vor
Viertel nach
Viertel vor
zwanzig nach
zwanzig vor
fünfundzwanzig nach
fünfundzwanzig vor
halb

1 Hör zu. Wieviel Uhr ist es?

1d

 a
 b
 c
 d
 e

2 Hör zu. Wähl die richtige Antwort.

a3

a) Biologie beginnt um . . .
   1. sieben Uhr
   2. fünf vor acht
   3. acht Uhr.

b) Englisch beginnt um . . .
   1. zehn Uhr
   2. Viertel vor neun
   3. zehn nach neun.

c) Die erste Pause beginnt um . . .
   1. fünf vor zehn
   2. fünfundzwanzig vor zehn
   3. fünfundzwanzig nach zehn.

d) Kunst beginnt um . . .
   1. fünf nach zehn
   2. fünf Uhr
   3. fünf vor zehn.

e) Deutsch beginnt um . . .
   1. Viertel vor elf
   2. Viertel nach elf
   3. Viertel nach zwölf.

f) Die zweite Pause ist von . . .
   1. halb zwölf bis Viertel nach zwölf
   2. halb elf bis Viertel vor zwölf
   3. halb zwölf bis Viertel vor zwölf.

g) Erdkunde beginnt um . . .
   1. Viertel vor zwölf
   2. Viertel nach zwölf
   3. fünf vor zwölf.

h) Sport beginnt um . . .
   1. fünfundzwanzig nach eins
   2. zwanzig vor eins
   3. fünfundzwanzig vor eins.

3

A: Wieviel Uhr ist es?

B: Es ist fünf Uhr.

4 Wieviel Uhr ist es? Schreib es auf.

a

b

c

d

Weltzeiten

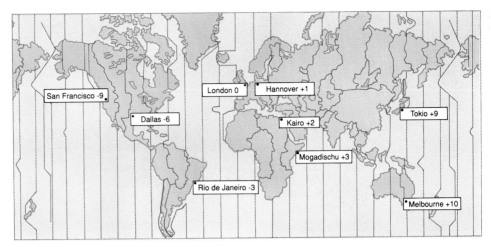

5 Hör zu. Richtig oder falsch?

1. X

6

A Es ist zwölf Uhr in London. Wieviel Uhr ist es in Kairo?

B Es ist vierzehn Uhr. Wieviel Uhr ist es in Melbourne?

A Es ist zweiundzwanzig Uhr.

Steckbrief

Donnerstag
Die erste Stunde, Geschichte, beginnt um 8.00. Um 8.50 habe ich Mathe. Das gefällt mir gut. Die erste Pause ist von 9.35 bis 9.55. Biologie beginnt um 9.55, und um 10.45 beginnt Französisch – j'adore ça! Die zweite Pause ist von 11.30, bis 11.45 und dann beginnt Erdkunde. Die letzte Stunde, Deutsch, ist um 12.35. Die Schule ist um 13.20 aus. Toll!

🕐	Mo	Di	Mi	Do	Fr
8.00-8.45	Englisch	Mathe	Deutsch	Geschichte	Kunst
8.50-9.35	Englisch	Religion	Deutsch	Mathe	Mathe
9.55-10.40	Mathe	Kunst	Erdkunde	Biologie	Musik
10.45-11.30	Erdkunde	Biologie	Englisch	Französisch	Religion
11.45-12.30	Französisch	Geschichte	Sport	Erdkunde	Biologie
12.35-13.20	Deutsch	Kunst	Sport	Deutsch	Englisch

Kannst du deinen eigenen Steckbrief machen?

PRIMA! DU KANNST JETZT . . . ▼

fragen: Wieviel Uhr ist es?
sagen: Es ist acht Uhr.
Es ist halb acht.
Es ist Viertel vor/nach acht.
Es ist zwanzig vor/nach acht.
Es ist fünfundzwanzig vor/nach acht.
Es ist zehn vor/nach acht.
Es ist fünf vor/nach acht.
Es ist zwanzig Uhr.

Telling the time

What time could these two meet up?
Why might there be some confusion?

How can this mistake be avoided?

7.05   19.05

The 24-hour clock helps to avoid any confusion and it's easy to say in German.

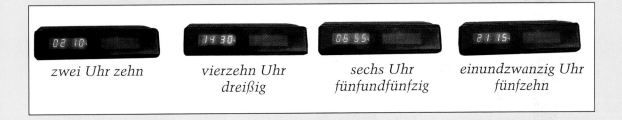

zwei Uhr zehn   *vierzehn Uhr dreißig*   *sechs Uhr fünfundfünfzig*   *einundzwanzig Uhr fünfzehn*

Can you think of situations where the 24-hour clock is used?

Look at this timetable for trains from Magdeburg to Hannover. Say a time and see if your partner can tell you which train you are catching from Magdeburg.

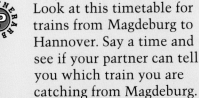

Es ist zehn Uhr eins.

A

D zweihundertsechsundvierzig.

B

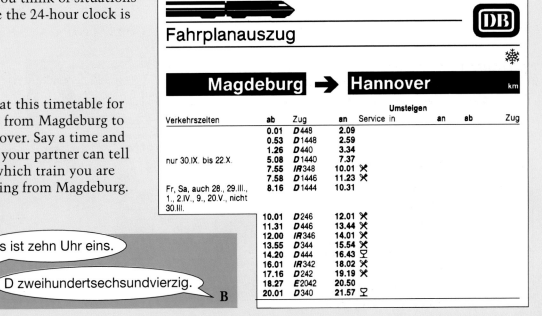

Fahrplanauszug

Magdeburg → Hannover   km

				Umsteigen			
Verkehrszeiten	ab	Zug	an	Service in	an	ab	Zug
	0.01	D 448	2.09				
	0.53	D 1448	2.59				
	1.26	D 440	3.34				
nur 30.IX. bis 22.X.	5.08	D 1440	7.37				
	7.55	IR 348	10.01	✕			
	7.58	D 1446	11.23	✕			
Fr, Sa, auch 28., 29.III., 1., 2.IV., 9., 20.V., nicht 30.III.	8.16	D 1444	10.31				
	10.01	D 246	12.01	✕			
	11.31	D 446	13.44	✕			
	12.00	IR 346	14.01	✕			
	13.55	D 344	15.54	✕			
	14.20	D 444	16.43	✕			
	16.01	IR 342	18.02	✕			
	17.16	D 242	19.19	✕			
	18.27	E 2042	20.50				
	20.01	D 340	21.57	⚲			

LERNZIELE

You will learn . . .
- how to ask how much clothes cost
- how to say how much clothes cost
- how to describe clothes.

Einkaufsbummel

1 **Beantworte die Fragen.**

a) Was kostet das T-Shirt?

b) Was kostet der Jogginganzug?

c) Was kosten die Sportschuhe?

d) Was kostet der Rock?

e) Was kostet die Jacke?

f) Was kosten die Schuhe?

g) Was kostet der Mantel?

h) Was kostet die Krawatte?

i) Was kostet der Pulli?

j) Was kosten die Jeans?

a) DM 22,50

2

Was kostet der Rock?
A
50 Mark. B

Jetzt wird's schwieriger!

B: Mach dein Buch zu.

Was kostet 50 Mark?
A
Der Rock. B

Schaufensterpuppen

a   b   c   d

rot   grün   gelb   weiß

blau   schwarz   orange

 3 Hör zu. Welche Schaufensterpuppe ist das?

4 Welche Schaufensterpuppe ist das?   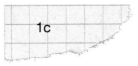 1c

1. Das T-Shirt ist weiß.
2. Die Jeans sind schwarz.
3. Die Sportschuhe sind weiß.
4. Der Rock ist gelb.
5. Der Mantel ist gelb.

6. Das T-Shirt ist rot.
7. Der Rock ist grün.
8. Die Schuhe sind blau.

 5 i) **A:** Zeichne eine Schaufensterpuppe.

ii) **A:** Beschreib deine Schaufensterpuppe.

 **A** Die Jacke ist grün.

B: Zeichne die Schaufensterpuppe von A.

Im Umkleideraum

6 Hör zu. Wer ist das?

1c

a  b  c  d

7 A: Beschreib die Kleidung einer Person.

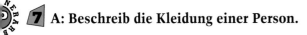

A: Das T-Shirt ist zu lang.

B: Zeichne die Person.

Meine Wochenendkleidung

Das T-Shirt ist gelb.

Die Jacke ist rot.

Die Schuhe sind schwarz.

Die Jeans sind blau.

Kannst du deinen eigenen Steckbrief machen?

PRIMA! DU KANNST JETZT . . .

fragen:	Was kostet das T-Shirt/die Jacke/ der Jogginganzug/der Pulli/der Rock/ der Mantel/die Krawatte? Was kosten die Schuhe /die Sportschuhe/ die Jeans?
sagen:	. . . kostet/kosten . . . Mark.
beschreiben:	. . . ist/sind rot/blau/weiß/schwarz/gelb/grün/ orange. zu lang/zu kurz/zu groß/zu klein.

Words for 'the'

How many words for 'the' do you know from this unit?
Do you know why there are different words?

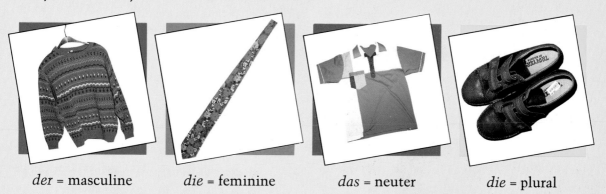

der = masculine   *die* = feminine   *das* = neuter   *die* = plural

Which 'the' word would you use for these items?

Look at these book titles. Can you find the word for 'the'
in each of them?

Look at the titles again. Are these words masculine (m),
feminine (f), neuter (n) or plural (pl.)?

a) *Maus*   b) *Deutschland*   c) *Struwwelpeter*   d) *Bundesländer*

LERNZIELE

You will learn . . .

- how to say what your favourite things are
- how to ask a friend what their favourite things are
- how to ask and say what someone else's favourite things are
- how to ask a friend what they enjoy doing
- how to say what you enjoy doing.

Lieblingssachen

Name	**Oli Ollmann (Star der** *Mohnstraße*)
Alter	**21**
Wohnort	**Berlin**
Geschwister	**eine Schwester, zwei Brüder**
Freundin	**Sonja, 19 Jahre alt**

TOLL Hallo, Oli. Willkommen!

Oli   Danke.

TOLL Ich habe hier einige Fragen über deine Lieblingssachen.

Oli   Gut, also los!

TOLL Erste Frage: Was ist deine Lieblingsfarbe?

Oli   Meine Lieblingsfarbe . . . rot.

TOLL Und was ist dein Lieblingsauto?

Oli   Ein Mercedes.

TOLL Ein roter Mercedes vielleicht? . . . Hast du eine Lieblingssendung?

Oli   Natürlich. Meine Lieblingssendung ist *Mohnstraße*!

TOLL Was ist dein Lieblingstier?

Oli   Awallo, mein Hund.

TOLL Und Sonja? Was ist ihr Lieblingstier?

Oli   Ihr Lieblingstier ist Mausi, ihre Katze.

TOLL Was ist deine Lieblingszahl?

Oli   Drei.

TOLL Und Sonjas?

Oli   Ihre Lieblingszahl ist vierzehn.

TOLL Hast du eine Lieblingsgruppe oder nicht?

Oli   Ja, meine Lieblingsgruppe ist *Traubensaft*.

TOLL Sie sind wirklich gut. Was ist dein Lieblingssport?

Oli   Tennis. Ich spiele sehr gern Tennis.

1 Was sind Oli Ollmanns Lieblingssachen? Ergänze die Sätze.

a) Seine Lieblingsfarbe ist **?**

b) Sein **?** ist ein Mercedes.

c) Seine **?** ist *Mohnstraße.*

d) Sein **?** ist Awallo, sein Hund.

e) Seine Lieblingszahl ist **?**

f) Seine **?** ist *Traubensaft.*

g) Sein Lieblingssport ist **?**

Guck mal, Birgit!

EVA   Guck mal, Birgit! Das ist Oli Ollmann.

BIRGIT   Ja?

EVA   Es geht um seine Lieblingssachen.

BIRGIT   Was sagt er?

EVA   Seine Lieblingsfarbe ist rot. Meine Lieblingsfarbe ist auch rot.

BIRGIT   Na sowas!

EVA   Und sein Lieblingsauto ist ein Mercedes. Mein Lieblingsauto ist auch ein Mercedes.

BIRGIT   Und seine Lieblingssendung ist *Mohnstraße*. Was ist deine Lieblingssendung?

EVA   *Mohnstraße*, natürlich.

BIRGIT   Und dein Lieblingstier?

EVA   Mein Lieblingstier ist mein Hund, Fritzi. Ich hasse Katzen.

BIRGIT   Ist deine Lieblingszahl drei?

EVA   Nein! Dreiunddreißig.

BIRGIT   Seine Lieblingsgruppe ist *Traubensaft*. Deine auch, oder?

EVA   Ja, eine tolle Gruppe!

BIRGIT   Sein Lieblingssport ist Tennis. Schade, dein Lieblingssport ist Schwimmen . . .

2 Beantworte die Fragen.

a) Was ist Evas Lieblingsauto?
b) Was ist ihre Lieblingssendung?
c) Was ist ihre Lieblingszahl?
d) Was ist ihr Lieblingssport?

3 Hier sind Birgits Lieblingssachen. Schreib sie auf.

a) Ihre Lieblingsfarbe ist blau.

a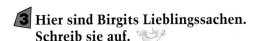

b

c

d

e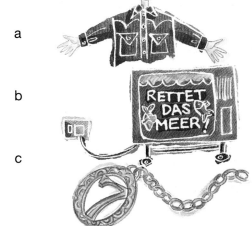

4

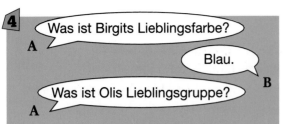

A Was ist Birgits Lieblingsfarbe?

Blau. B

A Was ist Olis Lieblingsgruppe?

Jetzt wird's schwieriger!

B: Mach dein Buch zu.

A Was ist Olis Lieblingsauto?

Ein Mercedes. B

5 a) Arbeitet zu siebt. Macht eine Umfrage.

Was ist . . .
dein Lieblingssport?
dein Lieblingsauto?
dein Lieblingstier?
deine Lieblingsfarbe?
deine Lieblingszahl?
deine Lieblingsgruppe?
deine Lieblingssendung?

b) **Wähl eine Person. Schreib seine oder ihre Antworten auf.**

Peter: Sein Lieblingssport ist Tennis./
Anna: Ihr Lieblingssport ist Schwimmen.

Was machst du gern?

Ich spiele gern Karten.

Ich spiele gern Tennis.

Ich gehe gern ins Jugendhaus.

Ich fahre gern Rad.

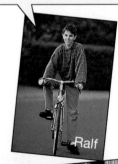
Ralf

Michael

Tanja

Christine

Astrid

Kai

Gabi

Peter

Ich spiele gern Gitarre.

Ich gehe gern in die Stadt.

Ich gehe gern schwimmen.

Ich höre gern Musik.

6 a) Richtig oder falsch?

falsch

1. KAI	Ich fahre gern Rad.	5. MICHAEL	Ich spiele gern Karten.
2. TANJA	Ich spiele gern Tennis.	6. PETER	Ich gehe gern schwimmen.
3. RALF	Ich höre gern Musik.	7. ASTRID	Ich gehe gern in die Stadt.
4. GABI	Ich spiele gern Gitarre.	8. CHRISTINE	Ich gehe gern ins Jugendhaus.

b) **Schreib die Sätze richtig auf.**

1. Kai: Ich gehe gern in die Stadt.

7 **Hör zu. Wer spricht?**

1. Astrid

8

A Was machst du gern?

B Ich spiele gern Gitarre.

a

b

c

d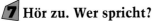

e

f

g

9 **Was machst du gern? Schreib es auf.**

a) Ich fahre gern Rad.

Mein Lieblingsauto ist ein golf GTI.

Mein Lieblingssport ist Tennis.

Meine Lieblingszahl ist vier. 4

Mein Lieblingstier ist Knut, mein Hund. Meine Lieblingsfarbe ist blau.

Kannst du deinen eigenen Steckbrief machen?

PRIMA! DU KANNST JETZT . . .

fragen:	Was ist dein Lieblingssport/dein Lieblingsauto/ dein Lieblingstier/deine Lieblingsfarbe/ deine Lieblingszahl/deine Lieblingsgruppe/ deine Lieblingssendung?
sagen:	mein/meine/sein/seine/ihr/ihre
fragen:	Was machst du gern?
sagen:	Ich spiele gern Karten. Ich spiele gern Tennis. Ich höre gern Musik. Ich gehe gern ins Jugendhaus. Ich fahre gern Rad. Ich spiele gern Gitarre. Ich gehe gern in die Stadt. Ich gehe gern schwimmen.

Her and his

In this unit you have learned the words for 'her' and 'his'.
Sein will probably remind you of *ein*.

ihr Hund

sein Hund

ihre Jacke

seine Jacke

ihr Fahrrad

sein Fahrrad

ihr/sein = for masculine items belonging to her or him

ihre/seine = for feminine items belonging to her or him

ihr/sein = for neuter items belonging to her or him

How would you talk about these things if they belonged to:

a) a girl

b) a boy?

Wiederholung

1 Hör zu. Welches Bild ist das?

1c

2 Hier sind Meikes Lieblingssachen. Schreib sie auf.

Ihr Lieblingsauto ist ein Porsche.

Ihr Lieblingsauto	ist	Schwimmen.
Ihr Lieblingssport		vierzehn.
Ihr Lieblingsfach		ein Porsche.
Ihre Lieblingsfarbe		grün.
Ihre Lieblingszahl		Mathe.

 3 Was trägt Felix Farbe wann? Hör zu. Ergänze die Liste.

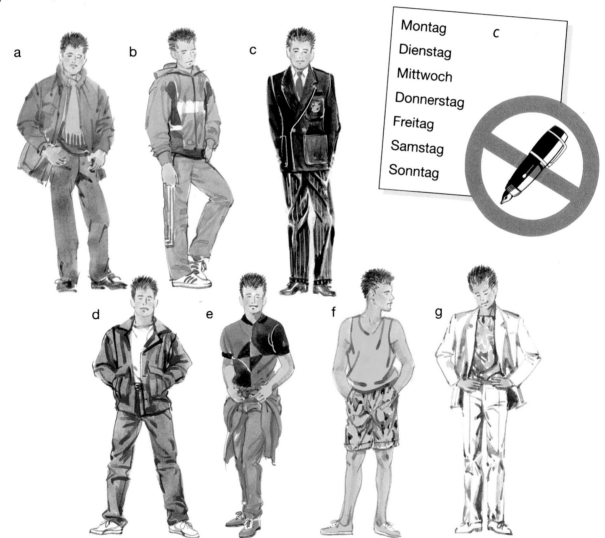

a
b
c

Montag   c
Dienstag
Mittwoch
Donnerstag
Freitag
Samstag
Sonntag

d
e
f
g

4 a) **Was trägst du wann? Mach eine Liste.**

b) **Wie oft tragt ihr die gleiche Farbe?**

Montag	blau
Dienstag	rot

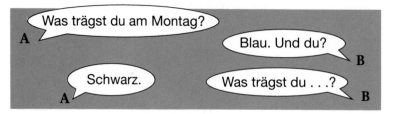

5 **Was paßt zusammen?**

1. Am sechsundzwanzigsten September.
2. Am neunzehnten September.
3. Am vierzehnten Februar.
4. Am zwanzigsten Februar.
5. Am elften September.
6. Am neunzehnten Februar.

a

b

c

d

e

f

6 Hör zu. Welches Schild ist das?

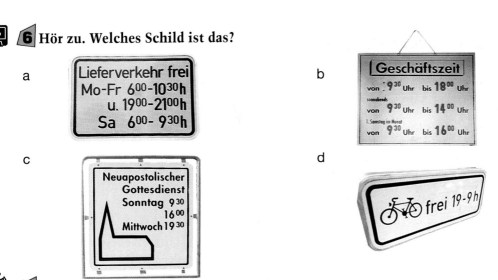

a

Lieferverkehr frei
Mo-Fr 6⁰⁰-10³⁰h
u. 19⁰⁰-21⁰⁰h
Sa 6⁰⁰- 9³⁰h

b

Geschäftszeit
von 9³⁰ Uhr bis 18⁰⁰ Uhr
sonnabends
von 9³⁰ Uhr bis 14⁰⁰ Uhr
1. Samstag im Monat
von 9³⁰ Uhr bis 16⁰⁰ Uhr

c

Neuapostolischer
Gottesdienst
Sonntag 9³⁰
16⁰⁰
Mittwoch 19³⁰

d

frei 19-9h

7 Arbeitet zu viert. Ihr braucht einen Würfel. Ihr müßt
zuerst eine 6 und zum Schluß eine 1 würfeln.

DAS KLEIDUNGSSPIEL

Du würfelst . . .   Du zeichnest . . .

Sechs. Das ist der Rock.

A

Drei. Ach nein, das geht nicht.

B

LERNZIELE

You will learn . . .
- how to find out about someone else's friends and family
- how to give details about someone else
- the names of some countries.

 ## Im Jugendhaus

1 a) Richtig oder falsch?

1. Martina ist vierzehn Jahre alt.
2. Martinas Geburtstag ist am vierundzwanzigsten Februar.
3. Martina hat eine Schwester und einen Bruder.
4. Martinas Vater und Stiefmutter wohnen in Hannover.
5. Martina wohnt in Garbsen.
6. Martinas Lieblingssport ist Fußball.
7. Jan hat ein Foto von Martina.

b) Schreib die Sätze richtig auf.

2 Sieh dir die Fragen und die Antworten an. Was paßt zusammen?

1e

1. Wie alt ist er?
2. Wann hat er Geburtstag?
3. Hat er Geschwister?
4. Wo wohnt er?
5. Wie heißt er?
6. Wie alt ist sie?
7. Wann hat sie Geburtstag?
8. Hat sie Geschwister?
9. Wo wohnt sie?
10. Wie heißt sie?

a) Er wohnt in Garbsen.
b) Sie hat am 1. März Geburtstag.
c) Sie heißt Frau Hönig.
d) Er hat am 17. August Geburtstag.
e) Er ist 42 Jahre alt.
f) Ja, sie hat eine Schwester und zwei Brüder.
g) Ja, er hat einen Bruder.
h) Er heißt Herr Deckert.
i) Sie wohnt in Leipzig.
j) Sie ist 33 Jahre alt.

3 Wie viele Fragen kannst du stellen?

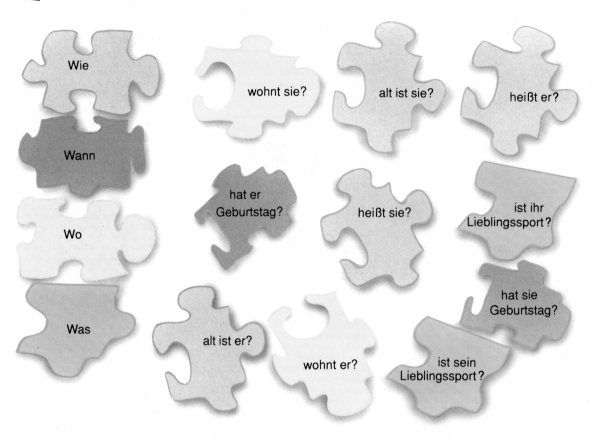

Wie

Wann

Wo

Was

wohnt sie?

alt ist sie?

heißt er?

hat er Geburtstag?

heißt sie?

ist ihr Lieblingssport?

alt ist er?

wohnt er?

hat sie Geburtstag?

ist sein Lieblingssport?

 4 Hör zu. Schreib die Antworten auf.

 1. Eva

Martin
14
11. September
Garbsen
Fußball

Eva
13
6. Februar
Garbsen
Schwimmen

 5 Arbeitet zu viert. Wie gut kennt ihr euch?

i) Schreib etwas über dich auf einen Zettel: *Name, Alter, Wohnort, Geburtstag, Lieblingssport, usw.*

ii) Gib deinen Zettel deinem Nachbarn oder deiner Nachbarin.

A — Wie alt ist B?

Sie ist dreizehn. — C

A — Richtig. Wo wohnt B?

Sie wohnt in Leicester. — D

A — Falsch.

Über mich

Ich heiße Petra. Ich bin 21. Ich wohne in Graz, in Österreich. Mein Bruder wohnt nicht in Österreich. Er wohnt und arbeitet in Amerika.

Ich heiße Ahmet. Ich wohne in Osnabrück. Meine Großmutter, meine Tante und mein Onkel wohnen in Indien.

Ich heiße Lisa. Ich wohne in Rostock. Mein Vater wohnt nicht in Deutschland. Er wohnt mit meiner Stiefmutter in Italien.

Mein Name ist Heidi. Ich arbeite in Gronau. Das ist in Deutschland, aber ich wohne in Holland! Mein Cousin und meine Cousine wohnen in Australien.

Ich heiße Paul. Meine Mutter wohnt mit meinem Stiefvater in der Schweiz. Ich wohne und arbeite in der Karibik.

Ich heiße Tim. Ich wohne in Mannheim. Meine Familie wohnt aber nicht in Deutschland. Mein Vater wohnt in Schottland, meine Schwester arbeitet in Wales und mein Bruder studiert in Irland!

6 Hör zu. Wer spricht?

1. Paul

7 Beantworte die Fragen.

1. in Graz

1. Wo wohnt Petra?
2. Wo arbeitet Heidi?
3. Wo wohnen Pauls Mutter und Stiefvater?
4. Wer wohnt in Osnabrück?
5. Wer wohnt in der Karibik?

8 Schreib die Fragen auf.

1. Wer wohnt in Schottland?

1. Tims Vater.
2. Ahmets Großmutter, Tante und Onkel.
3. Lisas Stiefmutter und Vater.
4. Petras Bruder.
5. Heidis Cousin und Cousine.

9

A: Wer wohnt in Rostock?

B: Lisa.

Jetzt wird's schwieriger!
B: Mach dein Buch zu.

A: Wo wohnt Lisa?

B: In Rostock.

Steckbrief

meine Familie

Meine Schwester arbeitet in Indien.

Mein Stiefvater wohnt in Deutschland.

Meine Cousine wohnt in Italien.

Mein Cousin wohnt in Amerika.

Mein Großvater wohnt in Australien.

Meine Tante arbeitet in Holland.

Kannst du deinen eigenen Steckbrief machen?

PRIMA! DU KANNST JETZT . . .

fragen: Wie heißt sie/er?
Wie alt ist sie/er?
Wo wohnt sie/er?
Wo arbeitet sie/er?
Wann hat sie/er Geburtstag?
Hat sie/er Geschwister?
Was ist ihr/sein Lieblingssport?

sagen: Petras Onkel/Tante/Cousin/Cousine . . .
Sie/Er heißt . . .
Sie/Er hat am . . . Geburtstag.
Sie/Er arbeitet/wohnt/studiert in Australien/
Holland/Amerika/Indien/Schottland/Irland/
Wales/Italien/der Karibik.

Infoseite

For more information turn to page 179.

Asking questions

You already know a lot of words for asking questions. See if you can remember what they all mean.

> *Wo?*
>
> *Wann?*
>
> *Wie?*
>
> *Wer?*
>
> *Was?*
>
> *Wie viele?*

Now you know the question words, you can play a game of consequences.

- Work in groups of seven. You will each need a piece of paper.
- Each person writes an answer to the first question below.
- Fold your piece of paper over to hide your answer.
- Pass your piece of paper to the person on your left.
- Each person writes an answer to the second question . . .
- At the end, each person reads out their piece of paper.

1. Wie heißt sie?	Birgit
2. Wie heißt er?	Beethoven
3. Wann?	im Juni
4. Wieviel Uhr ist es?	10·20
5. Wo?	in Berlin
6. Was fragt sie?	wie heißen sie?
7. Was sagt er?	Wie bitte?

How many question words can you find on this phonecard?

12 DM 40 Einheiten

Telefonkarte

Gewußt wo, was, wann, wer . . .
oder wie das Wetter wird.

LERNZIELE

You will learn . . .
- how to say what someone's job is
- how to ask where someone works
- how to say where someone works.

Berufsleben

> Meine Mutter ist Verkäuferin. Sie arbeitet bei Kaufhof. Mein Vater arbeitet bei Volkswagen. Er ist Facharbeiter.

> Meine Mutter ist Ärztin. Sie arbeitet im Krankenhaus. Mein Stiefvater ist Grafiker. Er arbeitet zu Hause.

1 a) Was paßt zusammen?   a8

a) Jans Vater	1. Hausfrau
b) Evas Mutter	2. Facharbeiter
c) Martins Vater	3. Abteilungsleiterin
d) Erdals Mutter	4. Vertreter
e) Birgits Mutter	5. Verkäuferin
f) Erdals Vater	6. Journalistin
g) Evas Vater	7. Grafiker
h) Birgits Stiefvater	8. Lehrer
i) Martins Mutter	9. Ärztin
j) Jans Mutter	10. Programmierer

b) Schreib Sätze über die Eltern auf.   a) Jans Vater ist Lehrer.

Mein Vater ist Lehrer. Er arbeitet in einer Schule. Meine Mutter ist Hausfrau. Sie arbeitet zu Hause.

Meine Mutter arbeitet bei der Hannoverschen Allgemeinen Zeitung. Sie ist Journalistin. Mein Vater ist Programmierer. Er arbeitet im Büro.

Mein Vater ist Vertreter. Er arbeitet bei Bahlsen. Meine Mutter ist Abteilungsleiterin. Sie arbeitet in Hannover.

2 Sieh dir die Bilder an. Hör zu. Wer ist das?

1. Birgits Stiefvater

3

A: Was macht Evas Mutter?

B: Sie ist Journalistin.

Jetzt wird's schwieriger!
B: Mach dein Buch zu.

A: Wer ist Journalistin?

B: Evas Mutter.

4 Sieh dir Seiten 98 – 99 nochmal an. Hör zu. Wer ist das?

Sieh dir Seiten 98 – 99 nochmal an.

1. Evas Mutter

5 Wo arbeiten sie? Schreib es auf.

Er	arbeitet	in einer Schule.
Sie		im Büro.
		in einer Fabrik.
		im Krankenhaus.
		in einem Laden.
		zu Hause.

c

a
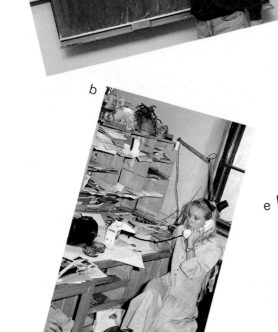

d

b

e

f

6
A — Wo arbeitet e?

B — Sie arbeitet zu Hause.

1. Ich bin arbeitslos. Ich suche eine Stelle in einem Laden.

2. Zur Zeit arbeite ich bei Volkswagen, aber das finde ich langweilig. Ich suche eine neue Stelle.

a

Wir suchen engagierte
Verkäufer/innen
für Mode mit Pfiff!

Schreiben Sie uns!
Zuschriften unter XC348712
an SZ

b

GEHEN SIE NOCH GERN IN DIE SCHULE?

Wir suchen
Lehrer(innen)
für unsere Sommerschule.
Bitte rufen Sie uns doch
einfach an.

Sommerschule Deutschland
0 89/34 67 94-43

Programmiererin
mit Englischkenntnissen gesucht.

Interessiert?
Rufen Sie bitte Frau Hofer an:
08031/9742

c

Wir
suchen
Facharbeiter(innen)
für unsere neue Fabrik.

Ihre Bewerbung richten Sie bitte
telefonisch oder schriftlich an:

Klasseautos GmbH
Buchenweg 32, 8891 Obergriesbach,
München (Telefon 08251/4285)

d

3. Ich spreche gut Englisch.
Ich kann sehr gut programmieren.

4. Ich gehe noch gern in die Schule. Ich suche einen Ferienjob.

Steckbrief

Mein Vater ist Arzt.

Meine Schwester ist Briefträgerin.

Meine Cousine ist Lehrerin.

Mein Onkel ist Polizist.

Kannst du deinen eigenen Steckbrief machen?

PRIMA! DU KANNST JETZT . . .

sagen: Sie ist Hausfrau/Abteilungsleiterin/
Journalistin/Verkäuferin/Ärztin.

Er ist Grafiker/Programmierer/Lehrer/
Vertreter/Facharbeiter.

fragen: Wo arbeitet sie/er?

sagen: Sie/Er arbeitet in einer Schule/in einer Fabrik/
im Büro/im Krankenhaus/in einem Laden/
zu Hause.

Occupations

Can you tell which pupil is talking about which teacher?

How about here? Can you tell which pupil is talking about which teacher?

In German there is never any confusion as to whether you are talking about a female or a male teacher. *Lehrerin* is a female teacher, *Lehrer* is a male teacher.

Other jobs follow the same pattern. See if you can complete this table in your book:

Male	Female
1. *Lehrer*	*Lehrerin*
2. *Journalist*	**?**
3. *Abteilungsleiter*	**?**
4. *Verkäufer*	**?**
5. *Grafiker*	*Grafikerin*
6. **?**	*Vertreterin*
7. **?**	*Programmiererin*
8. **?**	*Facharbeiterin*

Look at how these change:

Arzt	*Ärztin*
Hausmann	*Hausfrau*

Match the words and pictures below.

Kaufmann
Kauffrau

Polizist
Polizistin

Kellner
Kellnerin

LERNZIELE

You will learn . . .
- how to describe someone's appearance
- how to describe yourself
- how to ask about someone's appearance.

 # Wie sieht sie denn aus?

1 **Welcher Junge ist Hans und welcher Junge ist Jörg?**

a

b

2 a) **Welches Mädchen ist Angelika?**

 b) **Sieh dir die Bilder oben an. Hör zu. Wer ist das?**

3

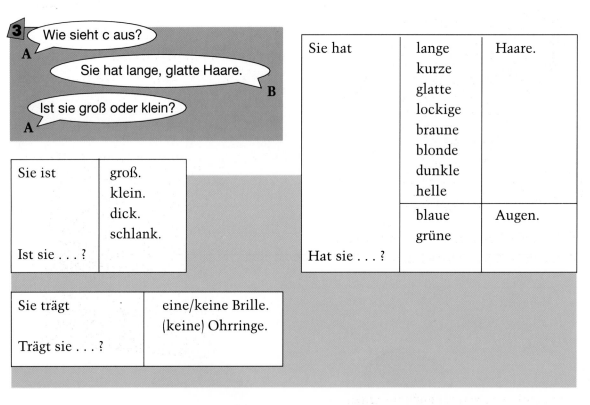

Sie hat	lange	Haare.
	kurze	
	glatte	
	lockige	
	braune	
	blonde	
	dunkle	
	helle	
	blaue	Augen.
Hat sie . . . ?	grüne	

Sie ist	groß.
	klein.
	dick.
	schlank.
Ist sie . . . ?	

Sie trägt	eine/keine Brille.
	(keine) Ohrringe.
Trägt sie . . . ?	

4 **Beschreib ein Mädchen in Übung 2.**

5 Schreib die Sätze richtig auf.

a) Ich habe dunkle Haare.

a) Ich habe *dunkle/helle/blonde* Haare.
b) Ich habe *kurze/lange* Haare.
c) Ich habe *lockige/glatte* Haare.
d) Ich trage *eine/keine* Brille.

e) Ich habe *blonde/helle/dunkle* Haare.
f) Ich habe *lockige/glatte* Haare.
g) Ich habe *lange/kurze* Haare.
h) Ich trage *eine Brille/Ohrringe*.

m) Ich habe *schwarze/blonde* Haare.
n) Ich habe *lange/kurze* Haare.
o) Ich habe *lockige/glatte* Haare.
p) Ich trage *(keine) Ohrringe*.

i) Ich habe *helle/dunkle/blonde* Haare.
j) Ich habe *kurze/lange* Haare.
k) Ich trage *eine/keine* Brille.
l) Ich habe *einen/keinen* Schnurrbart.

6 Arbeitet zu sechst.

i) Schreib etwas über dich auf einen Zettel: *Ich habe . . . Ich bin . . . Ich trage . . .*
ii) Mischt die Zettel.
iii) A: Nimm einen Zettel und lies ihn vor.
B/F: Wer ist das?

A — Ich habe kurze Haare. . .

Das ist . . .   B/F

Das ist Johannes.
Er sieht gut aus!
Er hat einen Schnurrbart.
Er hat kurze, braune, lockige Haare.
Er trägt eine Brille.

Das ist Sabine.
Sie trägt Ohrringe.
Sie hat dunkle, kurze Haare.
Sie ist ziemlich klein.

Das bin ich!
Ich bin groß und ziemlich dick.
Ich trage Ohrringe
Ich habe blonde, lange Haare.

Kannst du deinen eigenen Steckbrief machen?

PRIMA! DU KANNST JETZT . . .

fragen:	Wie sieht sie/er aus? Hat sie/er . . .? Ist sie/er . . .? Trägt sie/er . . .?
sagen:	Ich bin . . . Sie/Er ist groß/klein/dick/schlank. Ich habe . . . Sie/Er hat kurze/lange, glatte/ lockige, braune/blonde, dunkle/helle Haare. Sie/Er hat blaue/grüne Augen.
	Ich trage . . . Sie/Er trägt (keine) Ohrringe/eine Brille. Er hat einen/keinen Schnurrbart.

Infoseite

Words made up from smaller words

Many German words are made up by using
two or more smaller words.

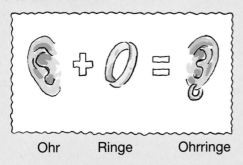

Ohr   Ringe   Ohrringe

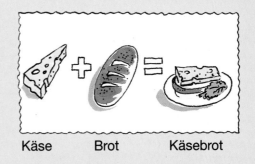

Käse   Brot   Käsebrot

Can you work out what these German
words are?

1

2

3

4
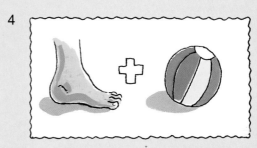

You'll come across some German words
where you can understand part of the word.
Look at these and see if you can work out
what the whole word means.

PARKHAUS

Schulbücher

GERVAIS
HÜTTENKÄSE

LERNZIELE

You will learn . . .
- how to talk about someone's character and personality
- how to ask about someone's character and personality
- the twelve signs of the zodiac.

 ## Urlaub in England

Herr und Frau Pfeiffer sind in Südwestengland.

Herzliche Grüße aus England!

EVA PFEIFFER
STEINSTR. 41
W-3008 GARBSEN
GERMANY

Wir sind in diesem kleinen Hotel in Torquay.

Der Besitzer ist sehr laut und launisch.

Aber seine Frau ist wirklich nett und intelligent.

Die junge Frau ist sehr fleißig und lustig.

Der Kellner ist sehr schüchtern. Er kommt aus Spanien und spricht nicht viel Englisch.

¿QUÉ?

Der Koch ist ziemlich faul.

1 Mach zwei Listen – positiv und negativ.

+	–
intelligent	launisch

launisch	fleißig	laut
intelligent	faul	nett
schüchtern	lustig	

2 a) Hör zu. Auf welche Liste kommen diese Wörter, (+) oder (–)?

1. freundlich	2. sportlich	3. impulsiv
4. unpünktlich	5. frech	6. ungeduldig

b) Was bedeuten die Wörter auf englisch?

3 Hör zu. Wer ist das?

1. Jan

Eine Referendarin ist bei der 8A. Herr Deckert beschreibt die Klasse . . .

4 Hör nochmal zu. Welche Liste ist über Jan, Birgit, Erdal, Eva und Martin?

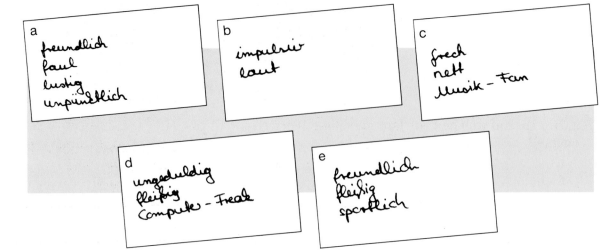

a
freundlich
faul
lustig
unpünktlich

b
impulsiv
laut

c
frech
nett
Musik – Fan

d
ungeduldig
fleißig
Computer – Freak

e
freundlich
fleißig
sportlich

 5

A — Wer ist laut und impulsiv?

Eva. — B

Jetzt wird's schwieriger!

B: Mach dein Buch zu.

A — Wer ist sportlich und fleißig?

Birgit. — B

6 Wie ist dein Partner oder deine Partnerin? Mach eine Liste.

HOROSKOP

Steinbock 22.12. – 20.1.

Eigenschaften

frech, lustig, manchmal launisch, fleißig

Wassermann 21.1. – 19.2.

Eigenschaften

oft laut, impulsiv, freundlich, fleißig

Fische 20.2. – 20.3.

Eigenschaften

geduldig, freundlich, ziemlich schüchtern, nett

Widder 21.3. – 20.4.

Eigenschaften

lustig, manchmal faul, ungeduldig, impulsiv

Stier 21.4. – 20.5.

Eigenschaften

freundlich, geduldig, oft fleißig, aber unpünktlich

Zwillinge 21.5. – 21.6.

Eigenschaften

ungeduldig, sehr fleißig, oft laut, manchmal launisch

Krebs 22.6. – 22.7.

Eigenschaften

sportlich, schüchtern, oft launisch und ungeduldig

Löwe 23.7. – 23.8.

Eigenschaften

freundlich, oft impulsiv, laut

Jungfrau 24.8. – 23.9.

Eigenschaften

sehr freundlich und nett, manchmal ungeduldig

Waage 24.9. – 23.10.

Eigenschaften

lustig, geduldig, nicht impulsiv, nett und freundlich

Skorpion 24.10. – 22.11.

Eigenschaften

oft fleißig, pünktlich, lustig, launisch

Schütze 23.11. – 21.12.

Eigenschaften

frech, freundlich, impulsiv und laut

 7 a) **Hör zu. Notier die Sternzeichen von Eva, Martin, Jan, Birgit und Erdal.**

b) **Hör nochmal zu. Welche Eigenschaften passen zu ihnen?**

Eva: laut, impulsiv, freundlich.

8 Arbeitet zu fünft. Ist das Horoskop auf Seiten 112 – 113 absolut richtig?

A Wann hast du Geburtstag?

B Am zweiundzwanzigsten Juni.

C Du bist Krebs.

B Ja.

D Bist du sportlich?

B Ja.

E Bist du schüchtern?

B Manchmal.

Steckbrief

Ich bin Fische. Ich bin geduldig, freundlich und nett. Ich bin auch ein bißchen schüchtern.

Sie ist Steinbock.

Er ist Löwe.

Sie ist Waage.

Kannst du deinen eigenen Steckbrief machen?

PRIMA! DU KANNST JETZT . . .

fragen: Bist du . . . ? Wer ist . . . ?

sagen: Sie/Er ist . . .

sehr/ziemlich/manchmal/oft . . .
lustig/launisch/fleißig/faul/intelligent/
nett/laut/freundlich/sportlich/
geduldig/ungeduldig/pünktlich/
unpünktlich/schüchtern/impulsiv/frech.

verstehen: Steinbock, Wassermann, Fische, Widder,
Stier, Zwillinge, Krebs, Löwe, Jungfrau,
Waage, Skorpion, Schütze

German-speaking countries

How much do you know about German-speaking countries? Look at this information and then close your book. Your partner will quiz you.

Country	Germany	Austria	Switzerland	Liechtenstein
Capital	Berlin	Vienna	Berne	Vaduz
Population	79 m	7.7 m	6.8 m	28,700
Language	German	German	German, Italian, French, Romansch	German
Currency	*1 Deutsche Mark = 100 Pfennig*	*1 Österreichischer Schilling = 100 Groschen*	*1 Schweizer Franken = 100 Rappen*	*1 Schweizer Franken = 100 Rappen*
	D	**A**	**CH**	**FL**

If you speak German you'll be able to visit all those countries and speak the language.

Knowing German will also help you understand people in other countries. What are these people saying?

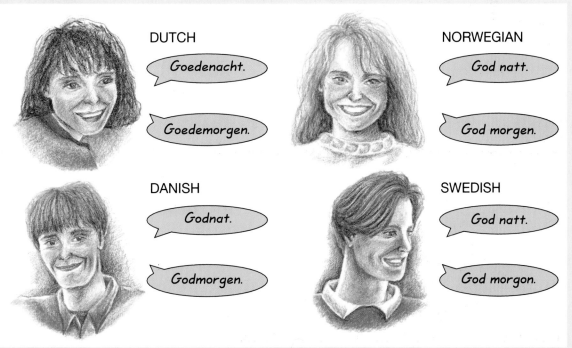

DUTCH

Goedenacht.

Goedemorgen.

NORWEGIAN

God natt.

God morgen.

DANISH

Godnat.

Godmorgen.

SWEDISH

God natt.

God morgon.

So, you can see that it's very useful to learn German.
Design a poster to encourage other people to learn German.

Marlene Dietrich:	Einstein:
wirklich nett	unpünktlich

2 Richtig oder falsch?

Marlene Dietrich ist geduldig.

A

Falsch.

B

3 Woher kommen diese Leute?

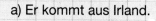

a) Er kommt aus Irland.

a

b

c

d

e

f

g

h

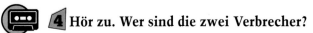

4 Hör zu. Wer sind die zwei Verbrecher?

5 A: Beschreib einen Verbrecher in Übung 4.
B: Welcher Verbrecher ist das?

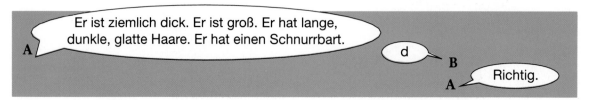

A: Er ist ziemlich dick. Er ist groß. Er hat lange, dunkle, glatte Haare. Er hat einen Schnurrbart.

B: d

A: Richtig.

6 a) **Gut oder schlecht?**

1. gut

1. Die Ärztin ist fleißig.

2. Die Vertreterin ist launisch.

3. Der Lehrer ist pünktlich.

4. Die Journalistin ist intelligent.

5. Der Abteilungsleiter ist faul.

6. Der Kellner ist laut.

7. Die Verkäuferin ist nett.

b) **Kannst du deine eigenen Bilder wie diese oben aufzeichnen?**

LERNZIELE

You will learn . . .

- how to say where things are
- how to ask where things are.

1 Hör zu. Wähl das richtige Wort.

a4

Garbsen, den 14. Mai

a

Lieber

Wie geht's? Freust Du Dich schon auf unseren Besuch in

Goslar? Dort c [image] und d [image] wir zusammen.

Am e [image] tag machen wir einen Ausflug nach Hameln. Wir

besuchen eine Wetterstation. Ich nehme viele f [image] und

g [image] mit. Der h [image] ist in der Nähe. Vergiß Deine

i [image] nicht!

Bis Montag!

Martin

b

1. Sonntag
2. spielen
3. T-Shirts
4. Jens
5. Schullandheim
6. essen
7. Wanderschuhe
8. Harz
9. Hosen

Am folgenden Montag . . .

Sie kommen!

Endlich!

Hier sind sie!

Super, der Bus aus Leipzig ist da!

Hallo.

Herzlich willkommen!

Grüß dich, Jan!

Wie geht's?

Hallo, Elke.

Grüß dich, Jens!

Hallo, Martin. Wie geht's?

Hallo, Franz.

3 Sieh dir Seite 121 an. Wo ist alles?

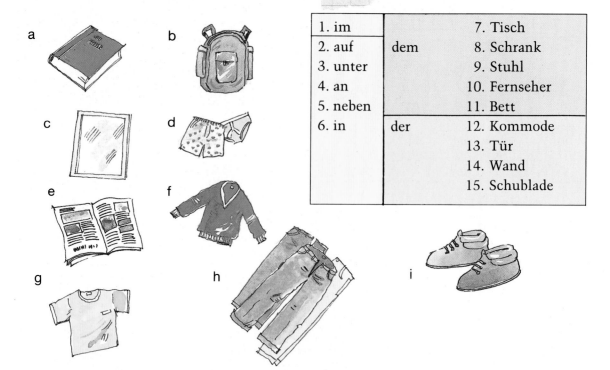

a

b

c

d

e

f

g

h

i

1. im		7. Tisch
2. auf	dem	8. Schrank
3. unter		9. Stuhl
4. an		10. Fernseher
5. neben		11. Bett
6. in	der	12. Kommode
		13. Tür
		14. Wand
		15. Schublade

4 Ihr braucht einen Würfel und zwei Spielmarken.

A   Drei. Es ist auf dem Bett.

B   Ja, richtig

(A: Beim nächsten Wurf darfst du weitergehen.)

B   Vier. Es ist im Schrank.

A   Falsch.

(B: Geh ein Kästchen zurück. Beim nächsten Wurf darfst du weitergehen.)

Du arbeitest bei Bavaria Film in München.
Der Szenenaufbau ist fertig. Der Manager sagt, wo alles ist.

 5 Hör zu. Richtig oder falsch?

1. ✓

6 Mach eine Liste für
den Szenenaufbau.

Das Buch ist auf dem Nachttisch.
Der Pulli ist

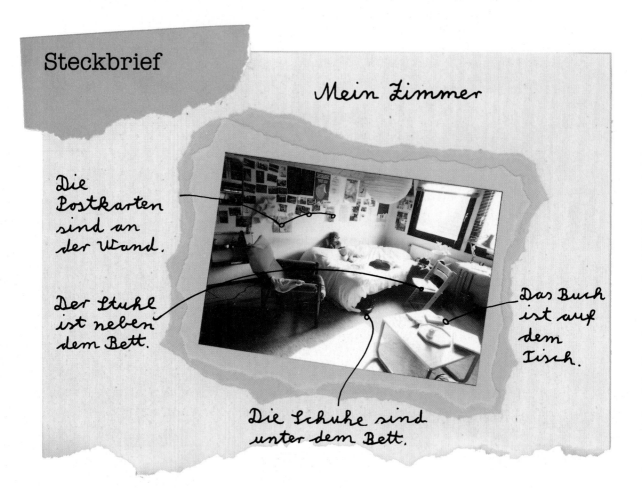

Mein Zimmer

Die Postkarten sind an der Wand.

Der Stuhl ist neben dem Bett.

Das Buch ist auf dem Tisch.

Die Schuhe sind unter dem Bett.

Kannst du deinen eigenen Steckbrief machen?

PRIMA! DU KANNST JETZT . . .

sagen:	auf/unter/neben dem Tisch/dem Stuhl/ dem Schrank/dem Bett/dem Fernseher/ der Kommode an der Wand/der Tür im Schrank/Bett/in der Kommode/Schublade
fragen:	Wo ist der Rucksack/der Pulli/der Spiegel/ die Unterwäsche/die Zeitschrift/das Buch? Wo sind die Kleider/die T-Shirts/die Hosen/ die Schuhe?

Infoseite

For more information turn to page 180.

Saying where things are

When you're talking about where things are you need to use prepositions. Some English prepositions are 'in', 'on', 'at', 'beside', 'to'. Can you pick out the German prepositions from this unit?

Did you notice that *der*, *die* and *das* changed after the prepositions?

Es ist *auf dem* Fernseher.

Es ist *auf der* Kommode.

Es ist *auf dem* Bett.

When you are saying where something is and you use one of those prepositions, you need to change *der*, *die* and *das*:

der ➡ dem   die ➡ der   das ➡ dem

Can you work out how you would say where the rabbit is now?

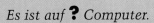
Es ist *auf* **?** Computer.

Es ist *auf* **?** Uhr.

Es ist *auf* **?** Skateboard.

German sometimes uses prepositions in a different way to English. What are the English phrases here?

? English.   *Auf englisch.*
? the country.   *Auf dem Land.*
? the photo.   *Auf dem Foto.*
? television.   *Im Fernsehen.*

LERNZIELE

You will learn . . .

- how to talk about the weather
- how to ask a friend what sports they do during the year.
- how to say what sports you do during the year.

Auf der Wetterstation

1 **Hör nochmal zu. Wie ist das Wetter in diesen Städten?**

Augsburg b

| Augsburg | Hannover | Magdeburg |
| Leipzig | Kitzbühel | London |

a   b   c

d   e   f

2

Jetzt wird's schwieriger!
B: Mach dein Heft zu.

3 **Wie ist das Wetter?**

a) Es ist sonnig und es ist heiß.

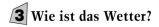

a   b   c   d

4 Was paßt zusammen?

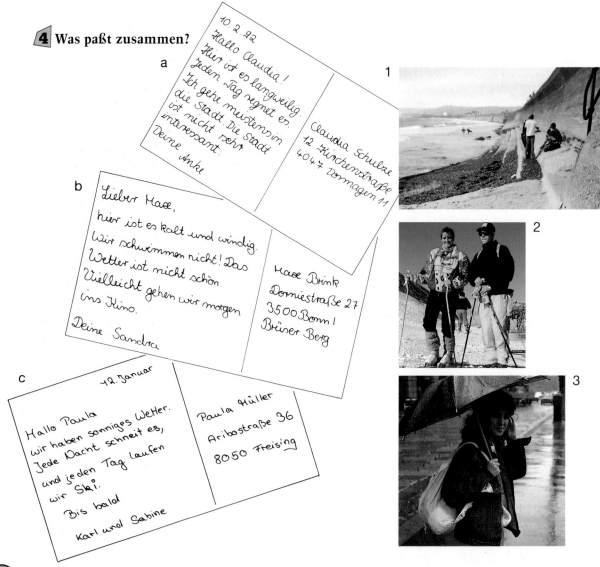

a

10. 2. 92

Hallo Claudia!
Hier ist es langweilig.
Jeden Tag regnet es.
Ich gehe meistens in
die Stadt. Die Stadt
ist nicht sehr
interessant.
Deine
Anke

Claudia Schulze
12 Kirchenstraße
404 7 Dormagen 11

1

b

Lieber Max,
hier ist es kalt und windig.
Wir schwimmen nicht! Das
Wetter ist nicht schön.
Vielleicht gehen wir morgen
ins Kino.

Deine Sandra

Max Brink
Domiestraße 27
3500 Bonn 1
Brüser Berg

2

c

12. Januar

Hallo Paula
wir haben sonniges Wetter.
Jede Nacht schneit es,
und jeden Tag laufen
wir Ski.
Bis bald
Karl und Sabine

Paula Müller
Aribostraße 36
8050 Freising

3

Die Jahreszeiten

WAS MACHST DU IM SOMMER?

WAS MACHST DU IM HERBST?

a) Im Sommer spiele ich Tennis.

b) Im Sommer gehe ich schwimmen.

c) Im Sommer gehe ich joggen.

d) Im Herbst spiele ich Fußball.

e) Im Herbst spiele ich Hockey.

f) Im Herbst spiele ich Squash.

WAS MACHST DU IM WINTER?   ## WAS MACHST DU IM FRÜHLING?

g) Im Winter laufe ich Ski.

h) Im Winter gehe ich kegeln.

i) Im Winter gehe ich Schlittschuhlaufen.

j) Im Frühling spiele ich Basketball.

k) Im Frühling spiele ich Federball.

l) Im Frühling spiele ich Volleyball.

5 Hör zu. Sieh dir die Bilder oben an. Wer ist das?

1k

6 Trag diese Tabelle ins Heft ein. Wann machen Birgit, Erdal und Anja das? Ergänze die Tabelle.

	Birgit	Erdal	Anja
im Sommer	c		
im Herbst			
im Winter			
im Frühling			

7 Arbeitet zu viert. Wann macht ihr die Sportarten auf
Seite 129? Macht eine Umfrage.

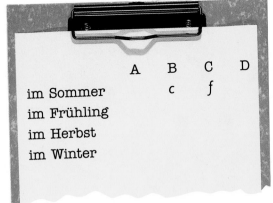

Steckbrief

Kannst du deinen eigenen Steckbrief machen?

PRIMA! DU KANNST JETZT . . .

fragen:	Wie ist das Wetter in . . .?
sagen:	Es ist kalt/heiß/neblig/windig/schön/ sonnig. Es schneit. Es regnet.
fragen:	Was machst du im Sommer/Herbst/Winter/ Frühling?
sagen:	Im . . . laufe ich Ski. . . . gehe ich schwimmen/joggen/kegeln/ Schlittschuhlaufen. . . . spiele ich Tennis/Fußball/Hockey/Squash/ Basketball/Federball/Volleyball.

Sentences

Look at these two groups of sentences. Can you spot the differences?

Es regnet.	*Hier regnet es.*
Es schneit.	*Hier schneit es.*
Es ist heiß.	*Hier ist es heiß.*
Es ist neblig.	*Hier ist es neblig.*

Where is the verb (the doing word) in those sentences?
In a German sentence, the verb always comes as the second idea.

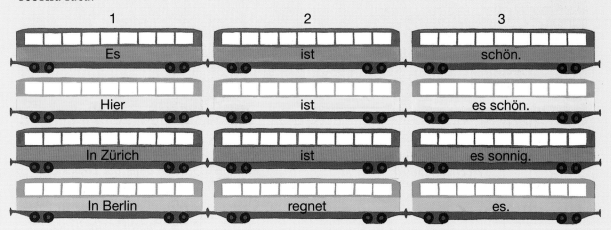

1	2	3
Es	ist	schön.
Hier	ist	es schön.
In Zürich	ist	es sonnig.
In Berlin	regnet	es.

Can you work out these sentences and write them out correctly?

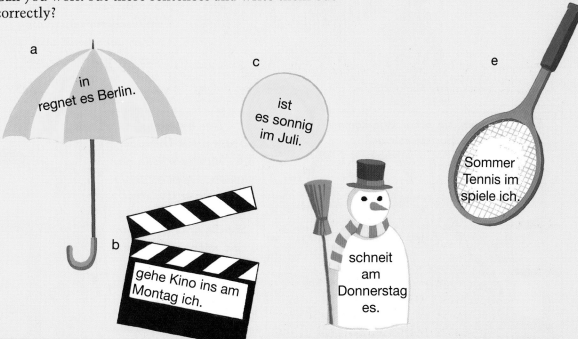

a in regnet es Berlin.

b gehe Kino ins am Montag ich.

c ist es sonnig im Juli.

d schneit am Donnerstag es.

e Sommer Tennis im spiele ich.

Lektion 23

LERNZIELE

You will learn . . .

- how to ask for directions
- how to give directions
- how to understand directions
- the tale of the Pied Piper.

 # Wo ist das Hochzeitshaus?

Wo gehen wir hin?

Zum Hochzeitshaus. Da sehen wir das Rattenfängerspiel.

Super!

Wo ist das Hochzeitshaus?

Wir müssen mal fragen.

Entschuldigen Sie, bitte. Wie komme ich zum Hochzeitshaus?

Vielen Dank.

Zum Hochzeitshaus? Geh über die Brücke, dann nimm die erste Straße links. Das ist die Papenstraße. Dann nimm die vierte Straße rechts. Das ist die Fischpfortenstraße. Geh geradeaus, und das Hochzeitshaus ist auf der linken Seite.

Entschuldigen Sie, bitte. Wie komme ich zum Hochzeitshaus?

Danke.

Das ist in der Stadtmitte. Geh über die Münsterbrücke hier und dann gleich rechts. Nimm die erste Straße links, dann die zweite Straße links und dann die nächste Straße wieder rechts. Geh geradeaus und dann kommst du zum Hochzeitshaus.

Entschuldigung. Wo ist das Hochzeitshaus?

Es tut mir leid. Das weiß ich nicht. Ich bin hier fremd.

Entschuldigen Sie, bitte. Wie komme ich zum Hochzeitshaus?

Geh über die Brücke und nimm die erste Straße links. Nimm die erste Straße rechts und dann geh links durch die Fußgängerzone. Geh geradeaus und dann kommst du zum Hochzeitshaus.

Vielen Dank.

Wie kommen wir zum Hochzeitshaus?

Über die Brücke, dann rechts.

Nein. Links!

Hier ist ein Stadtplan. Ich glaube, ihr braucht ihn!

Danke.

Also, da ist das Hochzeitshaus . . .

1 Wer hört das? Birgit, Erdal oder Martin?

a

b

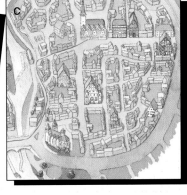

c

1. Rattenkrug
2. Lückingsches Haus
3. Dempter Haus
4. Hochzeitshaus
5. Museum
6. Rattenfängerhaus
7. Redenhof

Hameln

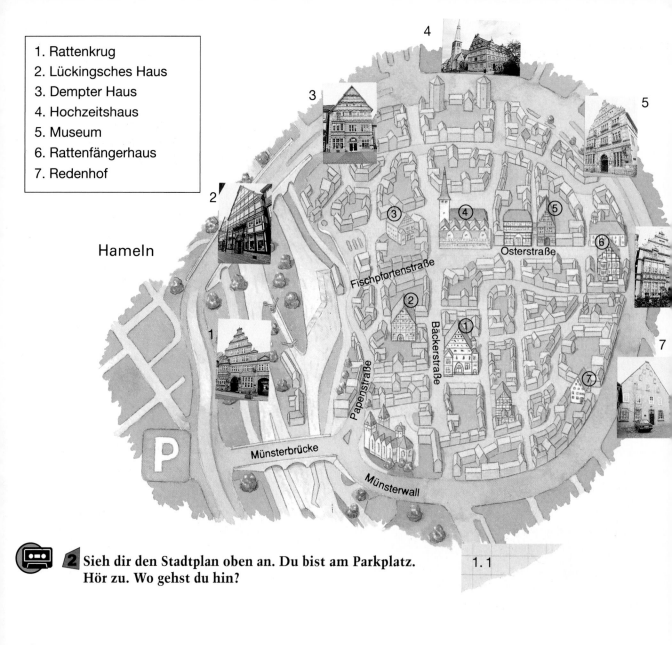

2 Sieh dir den Stadtplan oben an. Du bist am Parkplatz.
Hör zu. Wo gehst du hin?

3 Ihr seid am Parkplatz.
A: Wähl ein Gebäude.
Sag B den Weg dorthin.
B: Wo bist du jetzt?

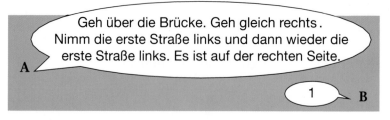

Geh über die Brücke. Geh gleich rechts.
Nimm die erste Straße links und dann wieder die
erste Straße links. Es ist auf der rechten Seite.

A

1 → B

4 i) Wähl ein Gebäude.
ii) Frag drei Leute wie du
dahin kommst.
iii) Wer sagt dir den
besten Weg dorthin?

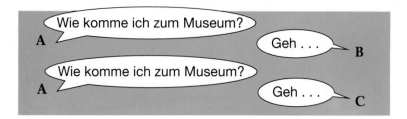

A: Wie komme ich zum Museum?
B: Geh . . .

A: Wie komme ich zum Museum?
C: Geh . . .

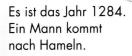 Die Rattenfängersage

Birgit kauft ein Buch für ihren Stiefbruder.

Es ist das Jahr 1284. Ein Mann kommt nach Hameln.

Er trägt einen Anzug. Sein Anzug ist rot, gelb, grün und lila.

Er will die Stadt von Ratten und Mäusen befreien. Dafür will er Geld.

Er ist Rattenfänger. Er hat eine Pfeife. Er pfeift.

Die Ratten und Mäuse hören zu. Der Rattenfänger geht in die Weser.

Die Ratten und Mäuse folgen ihm. Die Ratten und Mäuse ertrinken.

Der Rattenfänger will jetzt sein Geld.

Er bekommt sein Geld aber nicht. Er ist böse.

Weißt du, was danach passiert?

5 **Wähl die richtige Antwort.**

a) Es ist das Jahr . . .
1. zwölfhundertachtundvierzig
2. zwölfhundertvierundachtzig
3. zwölfhundertvierundvierzig.

b) Der Anzug ist . . .
1. rot, gelb, grün und blau
2. lila, grün, gelb, und schwarz
3. rot, gelb, grün und lila.

c) Der Rattenfänger hat . . .
1. eine Pfeife
2. eine Gitarre
3. ein Cello.

d) Der Rattenfänger geht . . .
1. in die Themse
2. in die Weser
3. in die Donau.

e) Die Ratten und Mäuse . . .
1. gehen in die Schule
2. fahren nach Berlin
3. ertrinken.

f) Der Rattenfänger ist . . .
1. frech
2. böse
3. freundlich.

6 a) **Arbeitet zu sechst.**   A: Stell ein Bild von der Rattenfängersage dar.

B/F: Welches Bild ist das?

Er hat eine Pfeife. — D

A   Richtig.

b) **Könnt ihr jetzt die Rattenfängersage darstellen?**

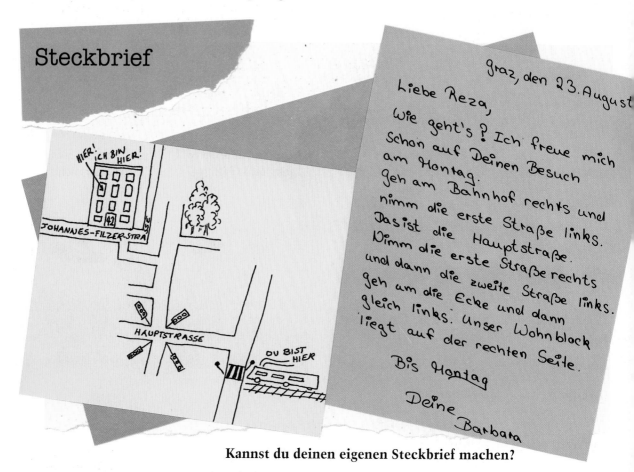

Steckbrief

HIER! ICH BIN HIER!

42

JOHANNES-FILZER-STRA

HAUPTSTRASSE

DU BIST HIER

Graz, den 23. August

Liebe Reza,

Wie geht's? Ich freue mich
schon auf Deinen Besuch
am Montag.
Geh am Bahnhof rechts und
nimm die erste Straße links.
Das ist die Hauptstraße.
Nimm die erste Straße rechts
und dann die zweite Straße links.
Geh um die Ecke und dann
gleich links. Unser Wohnblock
liegt auf der rechten Seite.

Bis Montag

Deine Barbara

Kannst du deinen eigenen Steckbrief machen?

PRIMA! DU KANNST JETZT . . .

fragen:	Wie komme ich zum . . . ?
sagen:	Nimm die erste/zweite/dritte/vierte Straße rechts/links.
	Geh über die Brücke.
	Geh geradeaus.
	Es ist auf der linken/rechten Seite.
	Geh durch die Fußgängerzone.
darstellen:	Die Rattenfängersage.

The present tense

When you're learning a language it helps if you can recognise patterns which certain words always follow.

Look at this pattern:

TO PLAY

I play

you play

he/she/it play**s**

we play

you play

they play

Which of these English verbs (doing words) follow that pattern?

1. to eat

2. to work

3. to have

4. to munch

There is also a pattern which many German verbs follow in the present tense.

SPIELEN

ich spiele

du spielst

er/sie/es spielt

wir spielen

ihr spielt

sie spielen

Sie spielen

These verbs all follow the same pattern as *spielen*. Write them out in your book.

a) *wohnen*

b) *trinken*

c) *machen*

Once you've learned the present tense in German you'll soon discover that it has a lot of uses. Read these two cartoons and find out.

So, you can see that the German words *ich spiele* mean 'I play', 'I'm playing' and 'I'm going to play'.

LERNZIELE

You will learn . . .
- how to say what your plans are
- how to ask a friend what their plans are
- how to invite others to come along
- how to accept or turn down an invitation.

Wochenpläne

Jens ist auf Besuch bei Martin.

JENS	Also, was machen wir diese Woche?
MARTIN	Vieles! Heute ist Sonntag, und wir gehen ins Schwimmbad.
JENS	Schön. Und morgen?
MARTIN	Morgen gehen wir in die Stadt. Wir gehen einkaufen. Und abends gehen wir ins Kino.
JENS	Toll! Was machen wir am Dienstag?
MARTIN	Ich weiß es nicht. Aber am Mittwoch gehen wir in die Stadthalle. Es gibt ein tolles Konzert.

JENS	Super!
MARTIN	Am Donnerstag gehen wir ins Sprengel-Museum.
JENS	Interessant. Und am Freitag gehen wir in die Disco, oder?
MARTIN	Ja, genau. Am Samstag hat mein Vater Geburtstag. Wir machen das Abendessen.
JENS	Spitze!

1 a) **Was machen Martin und Jens diese Woche?**

1c

1. Sonntag	4. Mittwoch	6. Freitag
2. Montag	5. Donnerstag	7. Samstag
3. Dienstag		

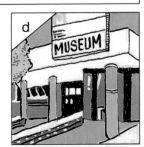

b) Schreib auf, wohin Martin und Jens gehen.

Am	Sonntag Montag Mittwoch Donnerstag Freitag	gehen	sie	in die Stadthalle. in die Disco. ins Schwimmbad. ins Sprengel-Museum. in die Stadt. ins Kino.

2 Hör zu. Was macht Birgit diese Woche?

2a

1. So	5. Do
2. Mo	6. Fr
3. Di	7. Sa
4. Mi	

a) Stadthalle	d) Schwimmbad
b) Kino	e) Eva
c) Berlin	f) ?

3 B: Füll deinen Terminkalender aus.
   A: Schreib Bs Terminkalender auf.

Mo	Museum
Di	Kino

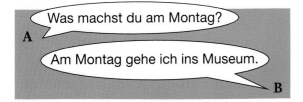

A Was machst du am Montag?

Am Montag gehe ich ins Museum. B

Was machen wir heute?

Was machen wir heute?

Wir gehen ins Schwimmbad. Kommst du mit?

Nein. Es ist viel zu kalt. Ich gehe nicht ins Schwimmbad!

Gehen wir ins Konzert?

Tut mir leid. Das ist mir zu teuer.

Also, was machen wir heute? Gehen wir ins Museum? Das ist nicht teuer und dort ist es warm.

Buh, langweilig!

4 a) Was paßt zusammen?

Wir gehen . . .

1. auf den Markt   3. auf die Party   5. in die Stadt   7. ins Schwimmbad
2. ins Konzert   4. in den Park   6. ins Kino   8. ins Museum

**b) Wohin gehen die fünf
Freunde und Jens?**

5 Trag diese Tabelle ins Heft ein. Hör zu.
Ergänze die Tabelle.

Ines

Ich gehe . . .
Kino   x
Museum
Markt
Disco
Stadt

6 A: Wirf eine Münze auf Kreis A.
   B: Wirf eine Münze auf Kreis B.

A: Am Montag gehe ich in die Stadt. Kommst du mit?

B: Ja, natürlich.

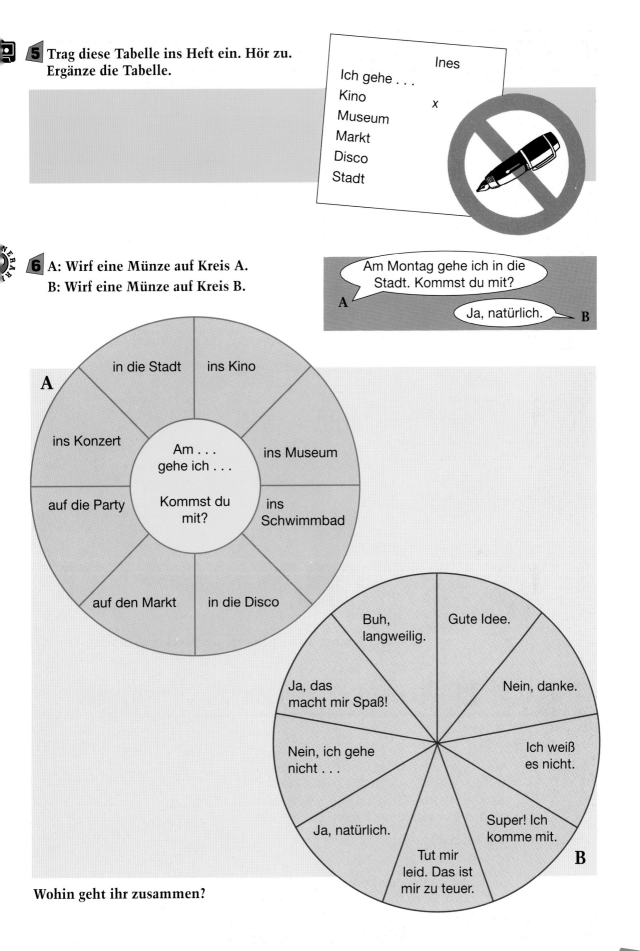

A

in die Stadt | ins Kino
ins Konzert
Am . . . gehe ich . . . Kommst du mit?
ins Museum
auf die Party | ins Schwimmbad
auf den Markt | in die Disco

B

Buh, langweilig. | Gute Idee.
Ja, das macht mir Spaß! | Nein, danke.
Nein, ich gehe nicht . . . | Ich weiß es nicht.
Ja, natürlich. | Super! Ich komme mit.
Tut mir leid. Das ist mir zu teuer.

Wohin geht ihr zusammen?

Steckbrief

Köln, den 13. September

Hallo Jutta,

ich habe schon große Pläne für deinen Besuch nächste Woche. Am Montag gehen wir ins Schwimmbad. Am Dienstag gehen wir in die Stadt. Das macht mir immer Spaß. Am Mittwoch spielt meine Lieblingsgruppe in Köln. Wir gehen ins Konzert. Am Donnerstag gehen wir auf den Markt. Dann gehen wir ins Museum. Das ist sehr interessant. Gehst du gern in die Disco? Am Freitag gibt es eine Disco im Jugendhaus. Am Sonnabend spielen wir Tennis.

Bis bald!

Anke

Kannst du deinen eigenen Steckbrief machen?

PRIMA! DU KANNST JETZT . . .

sagen:	Am . . . gehe ich in den Park/in die Disco/ in die Stadthalle/in die Stadt/ins Kino/ ins Konzert/ins Museum/ins Schwimmbad/ auf den Markt/auf die Party.
fragen:	Was machst du am . . . ? Kommst du mit?
sagen:	Gute Idee. Super. Ich komme mit. Ja, das macht mir Spaß! Ja, natürlich. Tut mir leid. Das ist mir zu teuer. Nein, ich gehe nicht . . . Buh, langweilig. Ich weiß es nicht.

Infoseite

German sounds

Listen to Uwe talking about himself.

> Grüß dich!
> Ich heiße Uwe Umlaut. Ich wohne in Köln, Grünstraße zwölf. Ich komme aus Österreich. Ich habe fünf Brüder. Ich bin fünfundfünfzig Jahre alt. Ich habe am fünfzehnten März Geburtstag. Tschüs.

Choose one of the people below. Prepare a short talk about yourself.

Name	Olaf Öden
Alter	15
Adresse	Hörstraße 53, München
Geschwister	1 Schwester, keine Brüder
Geburtstag	12. März

Name	Anna Älter
Alter	12
Adresse	Süßstraße 58, Düsseldorf
Geschwister	3 Brüder, 1 Schwester
Geburtstag	25. März

How good are you at saying German sounds? Listen to these tongue twisters, and then see how quickly you can say them.

Im Juni und im Juli ißt Johannes Joghurt.

Waltraud und Wilhelm wohnen in Wien.

Geschichte gefällt Georg gut.

Write your own tongue twisters using the letters *W*, *J* and *G*.

Tip!

Ei is always said *'eye'* in German:	*eine, meine, Einstein.*
Ie is always said *'ee'* in German:	*vier, die, Dieter.*

Wiederholung

DIE GEBURTSTAGSPARTY

1 **Wo ist Marions Haus?**

2 **Wie aufmerksam bist du? Wo ist das?**

a) Auf dem Fernseher.

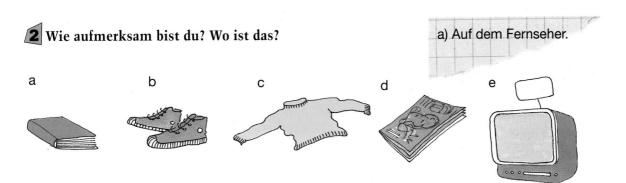

a b c d e

3 **Hör zu. Wo wohnen sie?**

Lisa, Salzburg

Lisa
Harald
Tim
Sandra
Frank

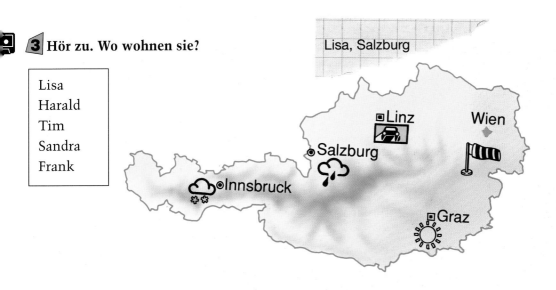

4

A: Wie ist das Wetter?
B: Es schneit.
A: Du bist in Innsbruck.
B: Richtig.

5 Sieh dir den Terminkalender an.

a) am Montag

a) Wann gehst du ins Schwimmbad?
b) Wann gehst du ins Museum?
c) Wann gehst du in die Disco?
d) Wann gehst du in die Stadthalle?
e) Wann gehst du ins Kino?

7 Arbeitet zu fünft.

A: Du bist Schiedsrichter(in). Sieh dir Seite 192 an.

B/E: Ihr braucht einen Würfel und vier Spielmarken. Macht ihr die Sportarten im Frühling, im Sommer, im Herbst oder im Winter?

Nur A weiß Bescheid.

(B: Geh 4 Kästchen zurück.)

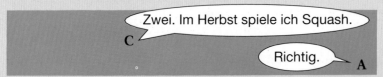

(C: Beim nächsten Wurf darfst du weitergehen.)

6 Seht euch den Terminkalender an.

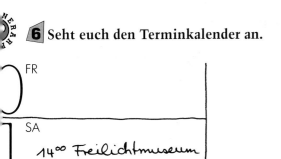

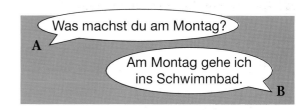

Lektion

26

LERNZIELE

You will learn . . .

- how to say you like or dislike some food
- how to offer food and drink to a friend.

 ## Pizzabacken

Was kochen wir denn?

Entweder Pizza oder Gemüsesuppe!

Pizza ist lecker. Was für eine Pizza backen wir?

Ich weiß es nicht. Was ißt du gern?

Also, ich esse gern Schinken, aber du ißt doch kein Fleisch, oder?

Stimmt. Ißt du gern Eier?

Nein, gar nicht.

Schade. Ißt du gern Spinat?

Nein, das schmeckt mir nicht.

Ich esse gern Spinat. Also, was ißt du gern?

Ich esse gern Champignons und Tomaten.

Gut, ich auch. Nur Zwiebeln finde ich ekelhaft.

Ich esse gern Zwiebeln, aber das macht nichts.

Ich esse gern Käse, und du?

Ja, lecker. Das schmeckt mir gut.

Prima! Also backen wir eine Champignonpizza!

Der Schrank ist leer. Wir müssen einkaufen gehen.

O.K. Nimm das Rezept mit.

Champignonpizza

Pizzateig (Seite 335)
600 g Tomaten
100 g Champignons
60 g Käse
6 Eßlöffel Olivenöl
Salz/Pfeffer

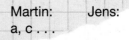

1 Was essen Martin und Jens gern? Mach zwei Listen.

Martin: Jens:
a, c . . .

a Spinat 1 kg 3.00

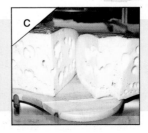

b

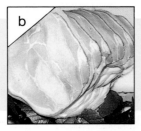

c

d Champignons 500g. 4.—

e

f

g

Martin und Jens sind im Supermarkt.

2 Hör zu. Was essen Martin und Jens gern?

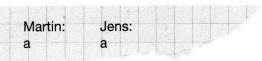

Martin: a

Jens: a

a

b

c

d

e

3 Hör zu. Ordne die Bilder in der richtigen Reihenfolge.

f, . . .

a
Riechst du etwas?
Ja. Was ist das?

b
Schade. Die Pizza ist total verbrannt.
Schade. Vati hat kein Geburtstagsessen.

c
Martin Redfern. . . . Hallo, Barbara. Ja. Super. Natürlich. Bis später! Tschüs.

d
Ach, nein. Die Pizza! Sie ist noch im Ofen!
Ach, nein. Schnell . . .

e
Das war Barbara, die Freundin von meinem Vater. Sie lädt uns alle ein!
Toll!

f
Also, jetzt kann's losgehen!

4 Arbeitet zu sechst. Ihr wollt Pizza backen, aber was für eine Pizza eßt ihr alle gern? Macht eine Umfrage und wählt eine Pizza!

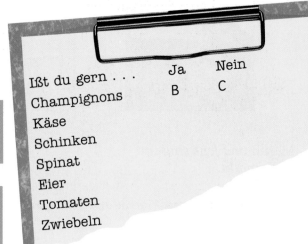

Ißt du gern . . .	Ja	Nein
Champignons	B	C
Käse		
Schinken		
Spinat		
Eier		
Tomaten		
Zwiebeln		

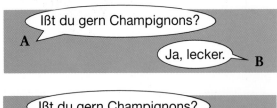

> **A** Ißt du gern Champignons?
>
> **B** Ja, lecker.

> **A** Ißt du gern Champignons?
>
> **C** Nein, gar nicht . . .

 # Raclette bei Barbara

5 a) Wem gehören die Pfännchen?

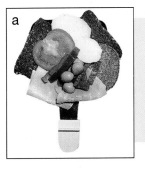
a

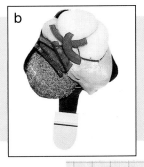
b

c

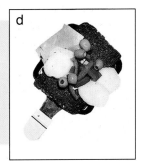
d

b) Was ißt Barbara?

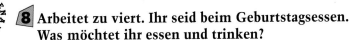
Barbara: Ich esse . . .

6 B: Wähl ein Pfännchen bei Übung 5.

A Möchtest du Kartoffeln?
B Ja. Lecker.

A Möchtest du Schinken?
B Nein, danke. Das schmeckt mir nicht.

A Bist du Martin?
B Ja.

7 Trag diese Tabelle ins Heft ein. Hör zu.
Was trinken sie?

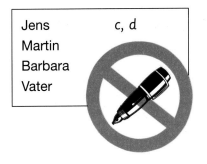

Jens   c, d
Martin
Barbara
Vater

 a

 b

 c

d

e

f

8 Arbeitet zu viert. Ihr seid beim Geburtstagsessen.
Was möchtet ihr essen und trinken?

A Was möchtest du essen, Dieter?
B Ich möchte Schinken und Käse, bitte.

A Möchtest du Kartoffeln, Anja?
C Nein, danke. Ich möchte . . .

B Was möchtest du trinken, Heiko?
D Ich möchte . . .

Der Schock

Mm, das war lecker.

Möchtest du noch was?

Ach, nein, danke. Ich bin satt! Ein tolles Geburtstagsessen.

Ich habe was zu sagen. Ich werde Vertreter in einer anderen Stadt. Wir ziehen um. Martin, wir verlassen Garbsen!

Steckbrief

Komm auf meine Party!

wir essen... Pizza Käse Oliven Brot Kartoffeln Wurst Tomaten Paprika

wir trinken... Orangensaft Mineralwasser Milch Cola

Kannst du deinen eigenen Steckbrief machen?

PRIMA! DU KANNST JETZT . . .

fragen: Was möchtest du essen/trinken?
Ißt du gern/Möchtest du Pizza/Brot/
Champignons/Schinken/Salami/Spinat/
Käse/Eier/Kartoffeln/Tomaten/Oliven/
Paprika/Zwiebeln?

sagen: Ich möchte . . . Lecker. Das schmeckt mir
gut. Das schmeckt mir (gar) nicht.

Infoseite

Talking about more than one of something

How do you talk about more than one of something in English? Have a go at these.

In German, you can't always just add *s* on the end either.

Sometimes you might add *n* on the end.

die Tomate (n)

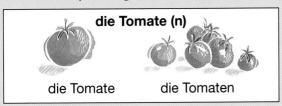

die Tomate   die Tomaten

Can you write captions for these pictures?

die Katze (n)   **die Olive (n)**

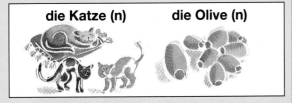

Sometimes you might add *e* on the end.

der Hund (e)

der Hund   die Hunde

Can you write captions for these pictures?

der Schuh (e)   **der Tisch (e)**

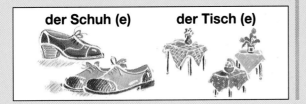

Sometimes, you just have to know how you say more than one of something, as there are quite a few endings to choose from. Don't worry though, as the alphabetical word list or a dictionary will help you if you're not sure.

Here are a few examples:

das Kaninchen (–)

das Kaninchen   die Kaninchen

der Bruder (¨)

der Bruder   die Brüder

das Fahrrad (¨ er)

das Fahrrad   die Fahrräder

der Champignon (s)

der Champignon   die Champignons

Can you illustrate and write captions for these words like above?

die Kartoffel (n)

das Buch (¨ er)

das T-Shirt (s)

der Fernseher (–)

LERNZIELE

You will learn . . .
- how to say how you feel
- how to ask how other people feel
- how to offer advice.

 # Was fehlt dir?

Guten Tag.

Tag. Wir möchten Jan besuchen. Ist er zu Hause?

Ja, aber er liegt im Bett. Er hat die Grippe.

Hallo, Jan. Was fehlt dir?

Ich habe Halsschmerzen . . .

. . . und ich habe Kopfschmerzen.

. . . und ich habe Zahnschmerzen.

Ich habe auch Ohrenschmerzen.

Hast du Fieber?

Ja, 38 Grad.

Hier, trink einen Kräutertee. Du mußt wieder gesund werden. Tante Emma kommt uns morgen besuchen.

Kräutertee und Tante Emma . . . o weh!

Also, wir gehen jetzt Martin besuchen.

Toll! Ich komme mit!

Aber du bist doch krank, Jan.

Ach, stimmt. Ich kann nicht mitkommen. Schade . . .

Das geschieht dir recht!

1 Was paßt zusammen?

1. Ich habe Kopfschmerzen.
2. Ich habe Fieber.
3. Ich habe Zahnschmerzen.
4. Ich habe Ohrenschmerzen.
5. Ich habe Halsschmerzen.

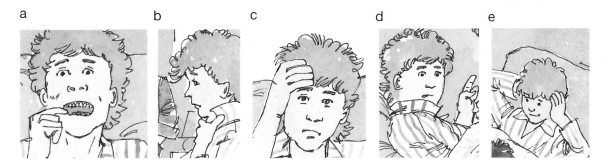

a   b   c   d   e

Was ist los, Martin?

2 Was paßt zusammen?

1. Ich habe Rückenschmerzen.
2. Mein Bein tut weh.
3. Mir ist schlecht.
4. Mein Arm tut weh.
5. Ich habe Magenschmerzen.
6. Ich bin sehr müde.

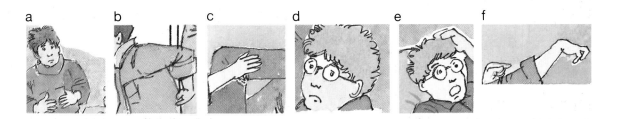

a   b   c   d   e   f

3 Wer sagt das? Martin oder Jan? Mach
zwei Listen.

Martin sagt:	Jan sagt:
Mir ist schlecht.	Ich habe Fieber.

a) Ich habe Fieber.

b) Mir ist schlecht.

c) Ich habe Kopfschmerzen.

d) Ich habe Ohrenschmerzen.

e) Mein Arm tut weh.

f) Ich bin sehr müde.

g) Ich habe Zahnschmerzen.

h) Mein Bein tut weh.

4 Hör zu. Wer ist beim Arzt?

1 b

Frau Behringer und Herr Müller sind sehr krank.
Der Arzt schreibt auf, was ihnen fehlt.

5 Hör zu. Welche Notizen sind über Frau Behringer und
welche sind über Herrn Müller?

a Kopf-/Rücken-/Ohren-/Halsschmerzen

b Kopf-/Rücken-/Ohren-/Halsschmerzen
Fieber

PARTNERARBEIT

6 Wer ist wirklich krank?

Werbung

1

Tut dir der Kopf weh?
Trink einen Kräutertee!

2

BLEIB GESUND!
Treib Sport!
Das tut gut!

3

RÜCKENSCHMERZEN SIND NIE MEHR NÖTIG.
Mach mal Pause mit neuer Klause.

4

Setz dich hin!
Alles, was Beine hat, wählt einen **Superstuhl.**

5

Müde?
Ausgelastet?
Streß?
Nimm Vitamine! Dann geht's wieder besser.

6

Putz dir die Zähne!
Zahnfrisch schmeckt lecker!

7 Sieh dir die Werbung oben an. Wer braucht was?

a 2

a

b

c

d

e
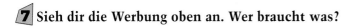

f

8 Sieh dir die Leute oben an. Wer braucht welchen Rat?

a) Treib Sport.

1. Mach mal Pause.   2. Putz dir die Zähne.   3. Treib Sport.
4. Trink einen Kräutertee.   5. Setz dich hin.   6. Nimm Vitamine.

9 **Macht Dialoge.**

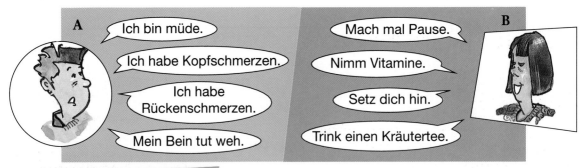

A
- Ich bin müde.
- Ich habe Kopfschmerzen.
- Ich habe Rückenschmerzen.
- Mein Bein tut weh.

B
- Mach mal Pause.
- Nimm Vitamine.
- Setz dich hin.
- Trink einen Kräutertee.

Steckbrief

PUTZ DIR DIE ZÄHNE.

TRINK KEINEN KAFFEE.

TREIB SPORT.

Das gesunde Leben

NIMM VITAMINE.

TRINK MILCH.

Kannst du deinen eigenen Steckbrief machen?

PRIMA! DU KANNST JETZT . . .

fragen: Was fehlt dir?

sagen: Ich habe Halsschmerzen/Kopfschmerzen/
Ohrenschmerzen/Zahnschmerzen/
Rückenschmerzen/Magenschmerzen.
Ich habe Fieber/die Grippe.
Mein Arm/Bein tut weh.
Mir ist schlecht.
Ich bin müde.

sagen: Mach mal Pause. Nimm Vitamine.
Setz dich hin. Trink einen Kräutertee.
Treib Sport. Putz dir die Zähne.

Different types of doctors

There are many specialist doctors in Germany, so if you're not feeling well, you need to make sure you go to the right one. Look at these plaques and see if you can match the people below to the suitable specialist.

1. a child with mumps
2. someone with toothache
3. a pregnant woman
4. someone with sore eyes

a

Dr. med.
I. Rischkopf-Türkay
Frauenärztin
4. Etage

b

Augenarzt
Dr. Inge HEMMERLING-SCHÖNE
SPRECHZEITEN:
Mo.- Fr.   8-13 Uhr
Mo., Di., Do. 15-18 Uhr
3. Stock   Tel: 131313

c

Gemeinschaftspraxis
Dr. med. Günter Wegler
Kinderarzt
Sprechstunden nach Vereinbarung
Mo.- Fr. 9-12 und 16-18 Uhr
Mittwoch 9-12 Uhr
Tel.: 7 6119   2. Etage

d

Dr. I. Zierleyn
Zahnärztin
↑ Heiligerstr. 1 · Tel. 32 51 51

These words all have something to do with illness. Can you match them to the correct picture?

1. *Krankenhaus*
2. *Krankenpfleger*
3. *Krankenschwester*
4. *Krankenwagen*
5. *Krankenbett*

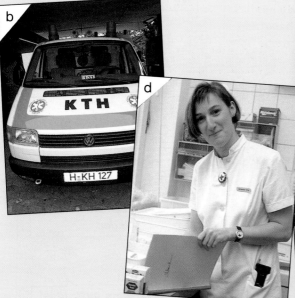

LERNZIELE

You will learn . . .
- how to tell a friend what they should or shouldn't do
- how to say what you are or aren't allowed to do
- how to say you have or don't have to do something.

Umweltschutz

Kelly aus Worksop ist wegen eines Schwimmturniers in Garbsen. Sie wohnt bei Birgit.

1 Hör zu. Was paßt zusammen?

1d

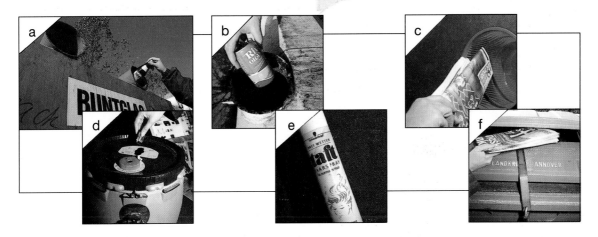

a

b

c

d

e

f

2 Was paßt zusammen?

1b

a

b

c

d

e

f

g

Du sollst . . .

1. deine Batterien zum Batteriecontainer bringen.

2. auf Recycling-Papier schreiben.

3. kein Haarspray mit Treibmittel benutzen.

4. deine Dose zum Restmüll bringen.

5. nicht so viel Fleisch essen.

6. deine Zeitung zum Papiercontainer bringen.

7. mit dem Rad fahren.

3 a) Was findest du wichtig? Sieh dir die Liste oben an. Mach deine eigene Liste von 1–7.

Du sollst . . .
1. mit dem Rad fahren . . .

b) Vergleich deine Liste mit deinem Partner oder deiner Partnerin.

A — Was hast du für Nummer eins?

B — Ich habe: Du sollst nicht so viel Fleisch essen. Was hast du?

A — Ich habe: Du sollst mit dem Rad fahren.

Unterschiede

Wir müssen um halb zehn wieder zu Hause sein.

Warum?

Ich darf abends nur bis halb zehn fortbleiben.

Ich darf bis zehn Uhr fortbleiben. Darfst du ins Kino gehen?

Ja, aber nur am Wochenende. Darfst du?

Ja.

Deine Ohrringe gefallen mir. Ich darf keine Ohrringe tragen.

In der Schule, meinst du?

Weder in der Schule noch zu Hause.

Schade. Mußt du eine Schuluniform tragen?

Ja, leider. Du nicht, oder?

Nein, aber ich muß samstags in die Schule gehen.

Und ich muß nachmittags in die Schule gehen.

Ich nicht. Darfst du rauchen?

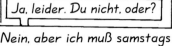

Nein, auf keinen Fall. Ich darf auch keinen Alkohol trinken.

Ich auch nicht.

4 Kelly oder Birgit? Mach zwei Listen.

Kelly:	Birgit:
a	b

5

Ich muß eine Schuluniform tragen.

A

Du bist Kelly.

B

Ich	muß darf	eine/keine Schuluniform tragen. keinen Alkohol trinken. nachmittags/samstags in die Schule gehen. bis 9.30/10.00 fortbleiben. nicht rauchen. (am Wochenende) ins Kino gehen. (keine) Ohrringe tragen.

6 **Welches Schild ist das?**

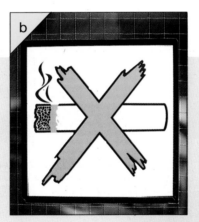

1. Du darfst hier nicht parken.

2. Du darfst hier nicht rauchen.

3. Du darfst hier parken.

4. Du darfst nicht schneller als 60 km/h fahren.

5. Du mußt deinen Hund draußen lassen.

7 **Warum heißt dieses Produkt *Du darfst?***

Steckbrief

Silke darf nicht rauchen.

Anna darf bis Viertel vor zehn fortbleiben.

KINO

Olaf darf ins Kino gehen.

Kannst du deinen eigenen Steckbrief machen?

PRIMA! DU KANNST JETZT . . . ▽

sagen: Du sollst deine Flasche zum Glascontainer/
deine Batterien zum Batteriecontainer/
deine Dosen zum Restmüll/
deine Zeitung zum Papiercontainer bringen.
Du sollst auf Recycling-Papier schreiben/
mit dem Rad fahren/kein Haarspray mit
Treibmittel benutzen/ nicht so viel Fleisch
essen.

sagen: Ich darf nicht rauchen. Ich darf bis . . .
fortbleiben. Ich darf keinen Alkohol trinken.
Ich darf (am Wochenende) ins Kino gehen.
Ich darf (keine) Ohrringe tragen.

sagen: Ich muß eine/keine Schuluniform tragen.
Ich muß samstags/nachmittags (nicht) in die
Schule gehen.

Infoseite

The world around us

Like Birgit, many Germans are environmentally-friendly (*umweltfreundlich*). Schools organise recycling facilities. Young people belong to clubs and societies, which campaign to help the environment.

The logos below are awarded to products in Germany which are *umweltfreundlich*. Can you think of some products which might be awarded these logos?

Umweltzeichen — weil Mehrwegflasche — Jury Umweltzeichen

Umweltzeichen — weil wassersparend — Jury Umweltzeichen

Umweltzeichen — weil aus 100 % Altpapier — Jury Umweltzeichen

Umweltzeichen — weil ohne Batterie — Jury Umweltzeichen

The average German uses about 150 litres of water a day, so any product awarded the '*weil wassersparend*' logo will help to reduce that amount.

Look at the ways in which water is used. Can you guess which amount of litres goes with each picture? Discuss your guesses with your partner.

A Bild eins. Das ist sechzehn Komma acht Liter

B Nein. Das ist vierundvierzig Komma acht Liter.

42,0 l

16,8 l

2,8 l

2,8 l

8,4 l

5,6 l

44,8 l

8,4 l

Your teacher has the answers so ask them once you have agreed an amount for each picture.

LERNZIELE

You will learn . . .

- how to say you do or don't want to do something
- how to ask a friend what they can do
- how to say you can or can't do something.

Auf Wiedersehen, Garbsen!

1 Was paßt zusammen?

1. Ich will Hannover nicht verlassen.
2. Ich will bei meinen Freunden bleiben.
3. Ich will nicht auf eine neue Schule gehen.
4. Du kannst mit mir in die Schule gehen.
5. Ich kann deine Freunde kennenlernen.
6. Deine Freunde können dich besuchen.

a

b

c

d

e

f

2 a) Willst du nach Deutschland fahren? Sieh dir diese Schilder an. Welche Städte willst du besuchen? Mach eine Liste von 1–5.

Goslar

Garbsen

Hameln

Hannover

Leipzig

b) Welche Städte will dein Partner oder deine Partnerin besuchen?

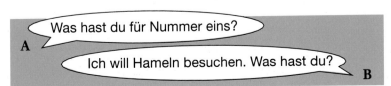

A Was hast du für Nummer eins?

Ich will Hameln besuchen. Was hast du? B

3 a) Hör zu. Wer spricht?

a

b

c

d

e

g

f

b) Hör nochmal zu. Kann . . . (✓) oder kann . . . nicht (✗)?

1. ✓

4 Sieh dir die Bilder oben an. Was kannst du?

Ich	kann	nicht	Fußball	schwimmen.
		einen	Deutsch	machen.
		sehr schnell	Gitarre	spielen.
		keinen	Handstand	singen.
				sprechen.
				laufen.

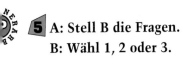

5 A: Stell B die Fragen.
B: Wähl 1, 2 oder 3.

TEST!

Was kannst du?

a) Kannst du schnell laufen?

Ich kann hundert Meter in . . .
1. 12 bis 13 Sekunden laufen
2. 14 bis 15 Sekunden laufen
3. 15 + Sekunden laufen.

b) Kannst du Deutsch sprechen?

Ich kann . . .
1. sehr gut Deutsch sprechen
2. gut Deutsch sprechen
3. ziemlich gut Deutsch sprechen.

c) Kannst du einen Handstand machen?

Ich kann . . .
1. über 6 Sekunden lang einen Handstand machen
2. 2 bis 5 Sekunden lang einen Handstand machen
3. 1 Sekunde lang einen Handstand machen.

d) Wie weit kannst du schwimmen?

Ich kann . . .
1. mehr als 800 Meter schwimmen
2. mehr als 200 Meter schwimmen
3. mehr als 50 Meter schwimmen.

e) Kannst du Gitarre spielen?

Ich kann . . .
1. sehr gut Gitarre spielen
2. ziemlich gut Gitarre spielen
3. nicht Gitarre spielen.

f) Wie viele deutsche Städte kannst du nennen?

Ich kann . . .
1. mehr als 20 nennen
2. 10 bis 19 nennen
3. mehr als 2 nennen.

Du sagst meistens:

(1.) – Prima! Du kannst sehr viel! Mach so weiter!

(2.) – Sehr gut! Du kannst viel. Du kannst aber auch noch dazu lernen!

(3.) – Gut! Du kannst ziemlich viel. Nächstes Mal kannst du aber vielleicht etwas mehr!

Kannst du deinen eigenen Steckbrief machen?

PRIMA! DU KANNST JETZT . . .

sagen: Ich will . . . besuchen. Ich nicht.

fragen: Kannst du . . .?

sagen: Ich kann (nicht) Fußball/Gitarre spielen.
Ich kann (nicht) schwimmen. Ich kann
Deutsch sprechen. Ich kann keinen/einen
Handstand machen. Ich kann (nicht)
singen/sehr schnell laufen.

Languages in Germany

So now if you go to a German-speaking country, or meet a German, you will be able to talk with them.

But, if you go to Germany, you will also come across different languages. Just like Erdal, there are many people in Germany whose family comes from a different country. Erdal speaks German at school and with his friends, but Turkish at home with his family.

The chart below shows you how many people from all over the world live in Germany.

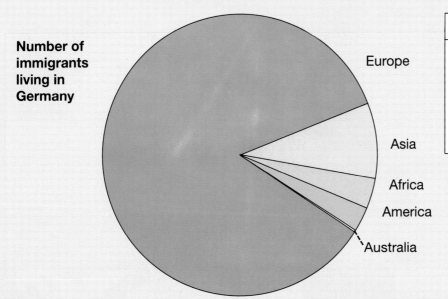

Number of immigrants living in Germany

	1000s
Europe	4198
Asia	451
Africa	181
America	141
Australia	6

These are some of the languages you might come across in Germany. Do you know what they are?

How many languages are spoken in your class?

30 Wiederholung

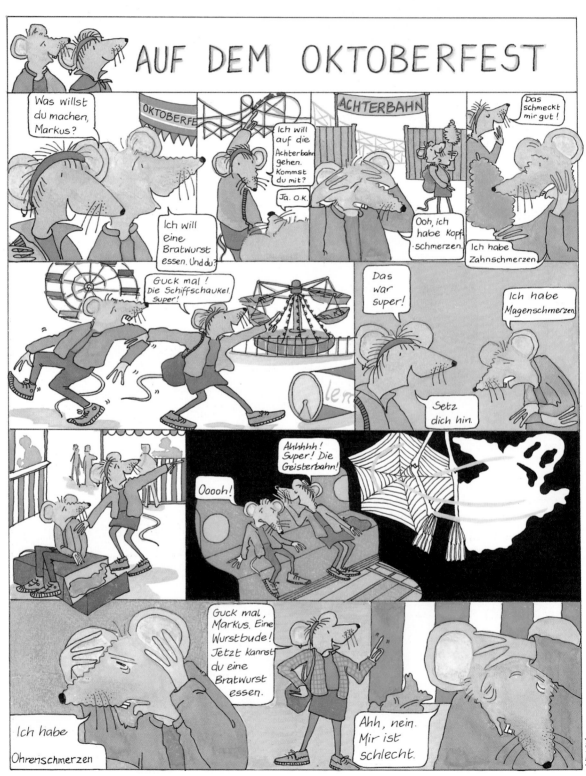

1 Was hat Markus?

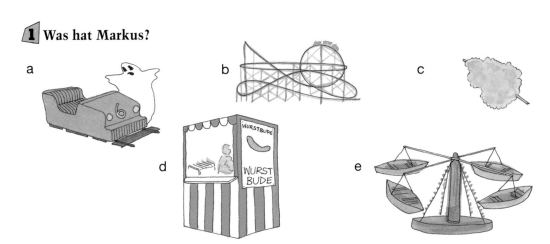

a   b   c

d   e

1. Ich habe Magenschmerzen.
2. Ich habe Kopfschmerzen.
3. Ich habe Ohrenschmerzen.

4. Mir ist schlecht.
5. Ich habe Zahnschmerzen.

2 a) Was essen sie gern? Schreib es auf.

Max: Käse, Eier, Schinken

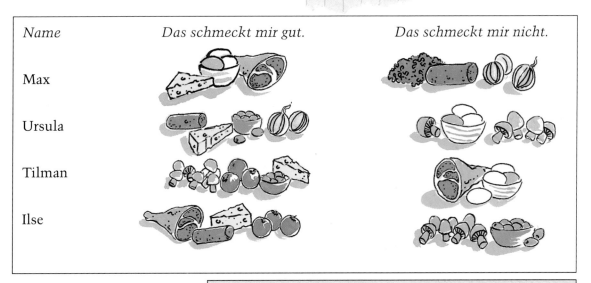

Name	Das schmeckt mir gut.	Das schmeckt mir nicht.
Max		
Ursula		
Tilman		
Ilse		

b) Sieh dir die Spiesekarte an. Welche Pizza essen sie alle gern?

Pizze - Pizza

20. *Pizza alla Romana*..............................8,00 DM
    mit Tomaten, Käse und Eier

21. *Pizza Funghi*..............................8,00 DM
    mit Tomaten, Käse und Champignons

22. *Pizza alla Fiorentina*..............................9,00 DM
    mit Tomaten, Käse, Salami, Artischocken und Champignons

23. *Pizza Salami*..............................8,50 DM
    mit Tomaten, Käse, Oliven und Salami

24. *Pizza Margherita*..............................7,00 DM
    mit Tomaten und Käse

25. *Pizza Prosciutto*..............................8,50 DM
    mit Tomaten, Käse und Schinken

26. *Pizza Lombardo*..............................12,00 DM
    mit Tomaten, Käse, Champignons, Schinken und Oliven

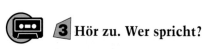 **3** Hör zu. Wer spricht?

a

b

c

d

e

f

 4 Ihr braucht einen Würfel und zwei Spielmarken.

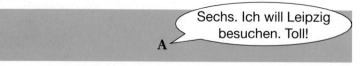

Sechs. Ich will Leipzig besuchen. Toll!

A

(A: Geh zum Kästchen 14.)

Vier. Du sollst deine Flasche zum Glascontainer bringen.

B

(A: Geh zum Kästchen 8.)

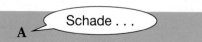

A Schade . . .

CHANCENSPIEL

1 START	**2**	**3** HANNOVER	**4** Du sollst deine Flasche zum Glascontainer bringen.	**5** SCHULE
6 Ich will Leipzig besuchen.	**7**	**8** GLASCONTAINER	**9** Du sollst nach Hannover fahren.	**10**
11 Ich muß in die Schule gehen.	**12**	**13** Du sollst deine Batterien zum Batteriecontainer bringen.	**14** LEIPZIG	**15** Ich darf ins Kino gehen.
16 HAMELN	**17**	**18** Ich will Federball spielen.	**19** KINO	**20** Du sollst mit dem Rad fahren.
21	**22** BATTERIE-CONTAINER	**23** Du sollst deine Zeitung zum Papiercontainer bringen.	**24** RESTMÜLL	**25** Ich will Hameln besuchen.
26 PAPIER-CONTAINER	**27**	**28** Du sollst deine Dose zum Restmüll bringen.	**29**	**30** Ich kann gewinnen! ZIEL

GRAMMAR

Glossary of terms

verb
a 'doing' word
Meike und Markus gehen ins Konzert.

noun
a person, place or thing
Meike und Markus freuen sich aufs Konzert in der Maushalle.

pronoun
a short word used instead of a noun
Sie hören sehr gern Musik.

adjective
describes a noun
„Musik ist toll!" sagt Markus.

preposition
describes where something is, or will be
Meike und Markus gehen aus dem Haus. Die Katzen wollen in die Maushalle gehen.

subject
person or thing that is doing something
Die Katzen gehen sehr gern in die Maushalle.

direct object
person or thing having something done to it
Meike sieht die Katzen.

nominative case
used for the subject of a sentence
Die Katzen sehen Meike nicht.

accusative case
used for the direct object and after certain prepositions
Meike hat einen Plan. „Geh in die Maushalle, Markus. Beeil dich!" sagt sie.

dative case
used after certain prepositions
Die Katzen sind neben der Tür.

singular
one of something
Markus läuft sehr schnell in die Maushalle. Meike läuft auch sehr schnell ins Konzert.

plural
more than one of something
Die Katzen können nicht in die Maushalle gehen. Die Tür ist zu klein.

Section 1

Useful phrases

 1 Greeting people

morning	**Guten Morgen.**	*formal*
afternoon	**Guten Tag.**	*formal*
evening	**Guten Abend.**	*formal*
any time	**Hallo.**	*informal*
	Grüß dich.	

Saying goodbye

any time	**Auf Wiedersehen.**	*formal*
	Auf Wiederhören.	*on the phone*
	Tschüs.	*informal*
	Guten Abend.	*formal*
night	**Gute Nacht.**	*formal/ informal*

2 Talking to people

When you talk to or about people you use pronouns (I, you, he, she, etc.). The chart below shows you the German pronouns.

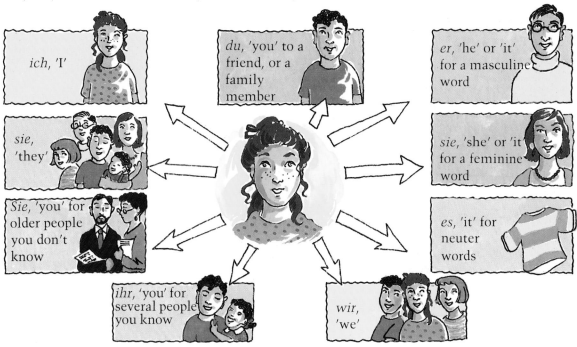

The German word *sie* has three meanings. If it has a capital letter, *Sie*, it means 'you', if it is written *sie* it means 'she', 'it' or 'they'.

3

Numbers

1 eins	19 neunzehn
2 zwei	20 zwanzig
3 drei	21 einundzwanzig
4 vier	22 zweiundzwanzig
5 fünf	23 dreiundzwanzig
6 sechs	30 dreißig
7 sieben	40 vierzig
8 acht	50 fünfzig
9 neun	60 sechzig
10 zehn	70 siebzig
11 elf	80 achtzig
12 zwölf	90 neunzig
13 dreizehn	100 (ein)hundert
14 vierzehn	200 zweihundert
15 fünfzehn	1 000 (ein)tausend
16 sechzehn	310 dreihundertzehn
17 siebzehn	325 dreihundertfünfundzwanzig
18 achtzehn	3 300 dreitausenddreihundert

Dates

1. am ersten	13. am dreizehnten
2. am zweiten	14. am vierzehnten
3. am dritten	15. am fünfzehnten
4. am vierten	16. am sechzehnten
5. am fünften	17. am siebzehnten
6. am sechsten	18. am achtzehnten
7. am siebten	19. am neunzehnten
8. am achten	20. am zwanzigsten
9. am neunten	21. am einundzwanzigsten
10. am zehnten	22. am zweiundzwanzigsten
11. am elften	23. am dreiundzwanzigsten
12. am zwölften	30. am dreißigsten

4 Days of the week

5 Months

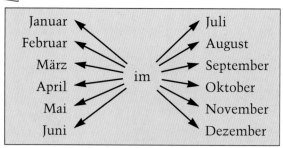

6 Time phrases

im Herbst	*in autumn*	am Abend	*in the evening*
im Winter	*in winter*	abends	*in the evenings*
im Frühling	*in spring*	am Morgen	*in the morning*
im Sommer	*in summer*	morgens	*in the mornings*
am Montag	*on Monday*	jeden Tag	*every day*
im Juni	*in June*	um sechs Uhr	*at six o'clock*
am 12. Juni	*on the 12th of June*		
Montag, den 12. Juni	*Monday 12th June (on letters)*		

7 Times

12-hour clock

um sechs Uhr

um fünf nach sechs

um zehn nach sechs

um Viertel nach sechs

um zwanzig nach sechs

um halb sieben

um zwanzig vor sieben

um Viertel vor sieben

um zehn vor sieben

um fünf vor sieben

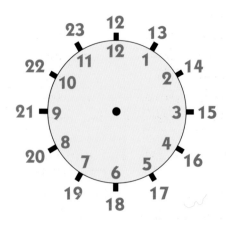

24-hour clock

um achtzehn Uhr

um achtzehn Uhr fünf

um achtzehn Uhr zehn

um achtzehn Uhr fünfzehn

um achtzehn Uhr zwanzig

um achtzehn Uhr dreißig

um achtzehn Uhr vierzig

um achtzehn Uhr fünfundvierzig

um achtzehn Uhr fünfzig

um achtzehn Uhr fünfundfünfzig

8 Question words

Wer?   *Who?*
Wer ist das? Wer spricht?

Wo?   *Where?*
Wo ist das? Wo bist du?

Wann?   *When?*
Wann machst du das?

Was?   *What?*
Was ißt du? Was machst du am Montag?

Wie?   *How?*
Wie geht's? Wie machst du das?

Wie viele?   *How many?*
Wie viele Stufen gibt es?

Wie bitte?   *Pardon?*

Warum?   *Why?*
Warum machst du das?

Woher?   *From where?*
Woher kommst du? Woher kennst du sie?

Welche (r/s)   *Which?*
Welches Mädchen ist Angelika?

Wieviel Uhr ist es?   *What's the time?*

Section 2

Nouns

Nouns are easy to spot in German as they are always written with a capital letter. There are three groups of nouns in German: masculine (m), feminine (f) and neuter (n). Nouns often have a small marker word in front of them (a, the, my, your, his etc.).

When you use the nominative, accusative or dative case, these marker words sometimes change.

1 Nominative case

The chart below shows you which marker word you use with each group of nouns and with the plural in the nominative case.

	masculine	feminine	neuter	plural
the	**der**	**die**	**das**	**die**
a	**ein**	**eine**	**ein**	–
no	**kein**	**keine**	**kein**	**keine**
my	**mein**	**meine**	**mein**	**meine**
your	**dein**	**deine**	**dein**	**deine**
his	**sein**	**seine**	**sein**	**seine**
her	**ihr**	**ihre**	**ihr**	**ihre**

You use these marker words for nouns which are the subject of the sentence:

▶ **Hund (m)**   **Der** Hund ist schwarz.

▶ **Schwester (f)**   **Meine** Schwester ißt Chips.

▶ **T-Shirt (n)**   **Ein** T-Shirt kostet 30 Mark.

▶ **Schuhe (pl.)**   **Ihre** Schuhe sind zu groß.

2 Accusative case

The marker words for masculine nouns change in the accusative case, but feminine, neuter and plural words stay the same.

	nominative	masculine	accusative
the	**der**	→	**den**
a	**ein**	→	**einen**
no	**kein**	→	**keinen**
my	**mein**	→	**meinen**
your	**dein**	→	**deinen**
his	**sein**	→	**seinen**
her	**ihr**	→	**ihren**

You use these marker words for nouns which are the direct object of the sentence:

▶ **Hund (m)**   Ich habe **den** Hund.

▶ **Uhr (f)**   Ich habe **deine** Uhr.

▶ **Fahrrad (n)**   Sie hätte gern **ein** Fahrrad.

▶ **Sportschuhe (pl.)**   Sie hat **keine** Sportschuhe.

3 Prepositions

Prepositions are small words which tell us where things and people are going to or where they are.

an	on, at	**in**	in, into	**über**	over, above, across
auf	on top of	**mit**	with	**um**	around
aus	from, out of	**nach**	to	**unter**	under
bei	at the home of	**neben**	next to, beside	**von**	from, of
durch	through	**ohne**	without	**zu**	to
für	for				

Most prepositions are followed by the dative or the accusative case.

These always take the dative case.

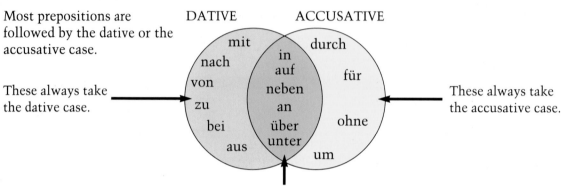

DATIVE   ACCUSATIVE

mit, nach, von, zu, bei, aus

in, auf, neben, an, über, unter

durch, für, ohne, um

These always take the accusative case.

These take either the dative or the accusative case.

When you use a preposition in front of a noun you must remember to use the correct marker word.

If you use *mit, nach, von, zu, bei* or *aus* you need to use the dative case. The chart below shows you how the marker words change in the dative case.

	masculine	feminine	neuter	plural
the	**dem**	**der**	**dem**	**den**
a	**einem**	**einer**	**einem**	–
no	**keinem**	**keiner**	**keinem**	**keinen**
her	**ihrem**	**ihrer**	**ihrem**	**ihren**

▶ **Freund (m)**   Ich spiele **mit meinem Freund.**

▶ **Jugendherberge (f)**   Die Klasse geht **zu einer Jugendherberge.**

▶ **Haus (n)**   Ich gehe **aus dem Haus.**

▷ **Schwestern (pl.)**   Ich bin **bei meinen Schwestern.**

If you use *durch, für, ohne* or *um* you need to use the accusative case marker words.

▶ **Stiefbruder (m)**   Birgit kauft ein Buch **für ihren** Stiefbruder.

▶ **Jacke (f)**   Geh nicht **ohne deine** Jacke.

▶ **Haus (n)**   Geh **um das Haus.**

▷ **Straßen (pl.)**   Ich gehe **durch die** Straßen.

If you use *in, auf, neben, an, über* or *unter* you have to choose either the dative or the accusative case. If movement from one place to another is involved, choose the accusative case. If there is no movement, or the movement is within an enclosed area, choose the dative case.

Meike hängt ihre Jacke **an die** Wand.

Ein tolles Poster hängt **an der** Wand.

Markus und Meike gehen **in die** Halle.

Ihre Lieblingsband spielt **in der** Halle.

Verbs

If you want to talk about what people are doing, you need to use verbs to explain their actions. Most German verbs end in *-en* in the infinitive. You will come across the infinitive if you look up a verb in the dictionary or word list. It means 'to' do something; *essen*, *spielen* and *haben* are all infinitives.

1 Present tense

The present tense in German can be used to express three different meanings:

- **Ich spiele Gitarre.**
  I'm playing the guitar.

- **Jeden Abend spiele ich Gitarre.**
  I play the guitar every evening.

- **Am Samstag spiele ich in einer Band.**
  I'm going to play in a band on Saturday.

The endings of verbs in the present tense change when you are talking about different people. The list below shows you how. Look how *wir*, *sie* (plural) and *Sie* all have the same ending.

	spielen
ich	ich spiele Fußball
du	du spielst Gitarre
er/sie/es	sie spielt Hockey
wir	wir spielen Squash
ihr	ihr spielt Federball
sie	sie spielen Golf
Sie	Sie spielen Tennis

Sometimes letters are put in, left out or changed to make the verbs easier to say in the *du* and *er/sie/es* forms.

- add an extra *e* in verbs ending in *-den* or *-ten*:

	ich	du	er/sie/es
arbeiten	arbeite	arbeitest	arbeitet
finden	finde	findest	findet

- change the *e* to *i(e)* in the following verbs:

	ich	du	er/sie/es
essen	esse	ißt	ißt
geben	gebe	gibst	gibt
lesen	lese	liest	liest
nehmen	nehme	nimmst	nimmt
sehen	sehe	siehst	sieht
sprechen	spreche	sprichst	spricht

- put two dots on the vowel to make it an umlaut in the following verbs:

	ich	du	er/sie/es
fahren	fahre	fährst	fährt
fallen	falle	fällst	fällt
fangen	fange	fängst	fängt
lassen	lasse	läßt	läßt
laufen	laufe	läufst	läuft
tragen	trage	trägst	trägt

- change *ss* to *ß* in *essen* and *lassen*:

  essen ⟶ du ißt/er ißt

  lassen ⟶ du läßt/er läßt

- leave out the *s* in the *du* form of *heißen*:

  heißen ⟶ du heißt

2 'To have' and 'to be'

Haben (to have) and *sein* (to be) don't follow the pattern of other verbs like *spielen*. The lists below show you how they go.

haben	sein
ich habe	ich bin
du hast	du bist
er/sie/es hat	er/sie/es ist
wir haben	wir sind
ihr habt	ihr seid
sie haben	sie sind
Sie haben	Sie sind

3 Modal verbs

Dürfen, können, müssen, sollen and *wollen* are all modal verbs. They add meaning to another verb. When you use modal verbs remember to put the other verb at the end of the sentence in its infinitive form.

	dürfen	können	müssen	sollen	wollen
ich	darf	kann	muß	soll	will
du	darfst	kannst	mußt	sollst	willst
er/sie/es	darf	kann	muß	soll	will
wir	dürfen	können	müssen	sollen	wollen
ihr	dürft	könnt	müßt	sollt	wollt
sie	dürfen	können	müssen	sollen	wollen
Sie	dürfen	können	müssen	sollen	wollen

4 Separable verbs

In German you will come across some verbs which split into two parts. One part, the basic verb, stays as the second idea in the sentence, and the small second part goes to the end of the sentence.

aufschreiben
Ich **schreibe** es **auf.**

zuhören
Meike **hört zu.**

ansehen
Markus, **siehst** du dir die Bilder **an?**

If you use a separable verb with a modal verb, the separable verb stays together at the end of the sentence.

zumachen
Du **sollst** dein Buch **zumachen.**

eintragen
Ich **muß** diese Liste ins Heft **eintragen.**

ausfüllen
Kannst du die Tabelle **ausfüllen?**

5 Commands

If you want to tell someone or several people to do something you will need to use a command:

* for *Sie*

use the infinitive of the verb and put it at the beginning of the sentence:

Gehen Sie nach rechts.

Lesen Sie den Text.

* for *ihr*

use the present tense ending for *ihr*, put it at the beginning of the sentence and leave out the word *ihr*:

Hört gut zu.

Arbeitet zu viert.

* for *du*

use the present tense ending for *er/sie/es* and leave the *t* off the end, put the verb at the beginning of the sentence and leave out the word *du*:

Mach eine Liste.

Trag diese Tabelle ins Heft **ein.**

If the verb has had an umlaut change in the present tense, do not put an umlaut in the command: *er schläft ⟶ schlaf gut!*

Sein is an exception, see below.

	du	ihr	Sie
lesen	Lies!	Lest!	Lesen Sie!
machen	Mach!	Macht!	Machen Sie!
gehen	Geh!	Geht!	Gehen Sie!
schlafen	Schlaf!	Schlaft!	Schlafen Sie!
sein	Sei ruhig!	Seid ruhig!	Seien Sie ruhig!

6 Word order

The word order in German depends on whether you are saying a statement, asking a question or giving a command.

* the order for a statement is:

subject – verb – object

Du – hast – einen Computer.

Sie – trinken – Cola.

* the order for a question is:

verb – subject – object

Hast – du – einen Computer?

Trinken – sie – Cola?

* if you are using a question word like *wo?* or *was?* the word order is:

question word – verb – subject – object

Wann – geht – Meike – in die Stadt?

* the order for a command is:

(subject) – verb – object

(Markus), – sieh dir – Seite 55 – an. Beeil dich!

ALPHABETICAL WORD LIST

All the vocabulary from stage 1 of *Gute Reise!* is listed below. Plural forms are given in brackets.

A

der **Abend(e)**	evening
guten Abend	good evening
das **Abendessen(-)**	evening meal
beim Abendessen	at the dinner table
abends	in the evening(s)
das **Abenteuer(-)**	adventure
aber	but
absolut	absolutely, completely
die **Abteilungsleiterin(nen)**	head of department, manager (*female*)
der **Abteilungsleiter(-)**	head of department, manager (*male*)
ach	oh
acht	eight
die **Achterbahn(en)**	roller coaster
achtzehn	eighteen
achtzig	eighty
die **Adresse(n)**	address
die **Ahnung(en)**	inkling, idea
keine Ahnung	no idea
der **Alkohol**	alcohol
alle	all
alles	everything
alles Gute zum Gerburtstag	happy birthday
das **Alphabet(e)**	alphabet
als	than
als erstes	first of all
also	so, well then
alt	old
Jahre alt	years old
das **Alter(-)**	age
das **Altpapier(e)**	wastepaper
am	at the
Amerika	America
an	on, at
andere(r, s)	other
der **Anruf(e)**	phone call
anrufen	to phone
sich **ansehen**	to look at
die **Antwort(en)**	answer
der **Anzug(¨e)**	suit
guten **Appetit**	enjoy your meal
April	April
arbeiten	to work
arbeitslos	unemployed
der **Arm(e)**	arm
die **Artischocke(n)**	artichoke
der **Arzt(¨e)**	doctor (*male*)
die **Ärztin(nen)**	doctor (*female*)
auch	also, as well
auf	on (top of)
auf dem Land	in the country
auf Wiedersehen	goodbye
aufessen	to eat up
aufmerksam	observant
aufpassen	to be careful, to watch out
aufschreiben	to write down
aufzeichnen	to sketch
das **Auge(n)**	eye
der **Augenarzt(¨e)**	eye specialist (*male*)
August	August
aus	from, out of

. . . ist aus	*here:* . . . is over
ausfüllen	to fill in
hat . . . ausgefüllt	(has) filled in
ausgelastet	stretched to the limit
aussehen	to look
austrinken	to drink up
Australien	Australia
das **Auto(s)**	car

B

backen	to bake
der **Bahnhof(¨e)**	railway station
die **Banane(n)**	banana
die **Band(s)**	band, group of musicians
die **Bank(en)**	bank
Basketball	basketball
die **Batterie(n)**	battery
der **Batteriecontainer(-)**	battery bank
Bavaria Film	Bavaria Film (*studios near Munich*)
Bayern	Bavaria
beantworten	to answer
bedeuten	to mean
beeil dich	hurry up
sich beeilen	to hurry up
befreien	to free
beginnen	to begin
bei	at (the home of)
ist auf Besuch bei	is visiting
das **Bein(e)**	leg
bekommen	to get
benutzen	to use
das **Berufsleben**	working life
. . . weiß **Bescheid**	. . . knows all about it
beschreiben	to describe
der **Besitzer(-)**	owner
besser	better
beste(r, s)	best
der **Besuch(e)**	visit
ist auf Besuch bei	is visiting
besuchen	to visit
das **Bett(en)**	bed
die **Bewerbung(en)**	application
das **Bier(e)**	beer
das **Bild(er)**	picture
billig	cheap
bin	am
Biologie	biology
bis	to, until
bis später	till later
bis bald	till soon
du bist	you are
bitte	please
bitte schön	there you are!
wie bitte?	pardon?
blau	blue
bleiben	to remain, to stay
der **Bleistift(e)**	pencil
blond	blond
die **Bluse(n)**	blouse
böse	angry
die **Bratwurst(¨e)**	type of sausage
brauchen	to need
braun	brown
die **Briefträgerin**	postwoman
die **Brille(n)**	glasses
bringen	to bring, to take
das **Brot(e)**	bread
die **Brücke(n)**	bridge
der **Bruder(¨)**	brother

das **Buch**(¨er)	book, textbook
buh!	pah!
das **Bundesland**(¨er)	federal *Land* in Germany
das **Büro**(s)	office
der **Bus**(se)	bus, coach
die **Buttermilch**	buttermilk

C

das **Cello**(s)	cello
der **Champignon**(s)	mushroom
das **Chancenspiel**(e)	game of fortune
der **Chip**(s)	crisp
die **Cola**(s)	coke
der **Computer**(-)	computer
der **Computer-Freak**(s)	computer freak
der **Cousin**(s)	cousin (*male*)
die **Cousine**(n)	cousin (*female*)

D

da	there
dafür	(in exchange) for this
dahin	there
damit	with this
danach	afterwards
danke	thanks
vielen Dank	thank you very much
dann	then
du **darfst**	you are allowed to
darstellen	to reconstruct
das	the, that
daß	that (*conjunction*)
das **Datum** (**Daten**)	date
dazu	to that
dein	your
denn	for, because, then
der	the
deutsch	German
Deutsch	German (*language*)
deutschsprachig	German-speaking
die Deutsche Mark(-)	Deutschmark
Deutschland	Germany
Dezember	December
der **Dialog**(e)	conversation
dich	you
dick	fat
die	the
Dienstag	Tuesday
diese	this, these
dir	to you
die **Disco**(s)	disco
doch	*used for emphasis*
Donau	Danube
Donnerstag	Thursday
doof	stupid
dort	there
dorthin	there
die **Dose**(n)	can, tin
draußen	outside
draußen lassen	to leave outside
drei	three
heute wird er drei	he's three (years old) today
dreißig	thirty
dreiundzwanzig	twenty-three
dreizehn	thirteen
dritte(r, s)	third
du	you
dunkel (**dunkle**)	dark
durch	through
dürfen	to be allowed to
der **Durst**	thirst
ich habe Durst	I'm thirsty

E

echt	really, truly
die **Ecke**(n)	corner
um die Ecke	round the corner
das **Ei**(er)	egg
eigen	own
die **Eigenschaft**(en)	quality, characteristic
ein	a, one
einfach	simply, easy
einige	several
einkaufen gehen	to go shopping
der **Einkaufsbummel**(-)	shopping spree
einladen	to invite
eins	one
eintragen	to fill in
einundzwanzig	twenty-one
das **Einzelkind**(er)	only child
ekelhaft	disgusting
elf	eleven
endlich	finally, eventually
engagiert	committed
englisch	English
Englisch	English (*language*)
die Englischkenntnisse (*pl.*)	knowledge of English
Entschuldigung	excuse me
Entschuldigen Sie	excuse me
sich entschuldigen	to apologise
entweder . . . oder	either . . . or
er	he
Erdkunde	geography
erfinden	to invent, to make up
ergänzen	to complete, to fill in, to add to
erste(r, s)	first
erstens	at first, firstly
als erstes	first of all
ertrinken	to drown
essen	to eat
der **Eßlöffel**(e)	dessert spoon
das **Etui**(s)	pencil case
etwas	something
euch	you
stellt euch vor	introduce yourselves
euer(e)	your

F

die **Fabrik**(en)	factory
das **Fach**(¨er)	subject
der **Facharbeiter**(-)	skilled worker (*male*)
die **Facharbeiterin**(nen)	skilled worker (*female*)
fahren	to drive, to go
Rad fahren	to cycle
das **Fahrrad**(¨er)	bicycle
fährt	goes, drives
der **Fall**(¨e)	case
auf keinen Fall	under no circumstances
falsch	wrong
die **Familie**(n)	family
die **Farbe**(n)	colour
faul	lazy
Februar	February
Federball	badminton
fehlen	to be missing
was fehlt dir?	what is wrong with you?
der **Ferienjob**(s)	holiday job
im **Fernsehen**	on television
der **Fernseher**(-)	television
fertig	ready
der **Festsaal**(-säle)	hall
das **Fieber**(-)	fever
Bavaria **Film**	Bavaria Film (*studios near Munich*)
der **Filzstift**(e)	felt tip pen

finden	to find
Fische	*here:* Pisces
die Flasche(n)	bottle
das Fleisch	meat
fleißig	hard-working
folgen	to follow
folgend	following
fortbleiben	to stay out
das Foto(s)	photo
frag mal	ask (then)
die Frage(n)	question
der Fragebogen(¨)	questionnaire
fragen	to ask
Frankreich	France
Französisch	French *(language)*
die Frau(en)	woman
Frau	Mrs
die Frauenärztin(nen)	gynaecologist *(female)*
frech	cheeky
Freitag	Friday
fremd	stranger to the place, foreign
ich freue mich auf	I'm looking forward to
sich freuen auf	to look forward (to)
der Freund(e)	friend *(male)*
die Freundin(nen)	friend *(female)*
freundlich	friendly
das Frisbee(s)	frisbee
früher	before, earlier
da war früher die Grenze	the border used to be there
der Frühling	spring
fünf	five
zu fünft	in groups of five
fünfunddreißig	thirty-five
fünfzehn	fifteen
fünfzig	fifty
für	for
was für?	which?
der Fußball(¨e)	football
Fußball spielen	to play football
die Fußgängerzone(n)	pedestrian zone

G

die Galerie(n)	gallery
gar nicht	not at all
der Garten(¨)	garden
das Gebäude(-)	building
geben	to give
geboren	born
ich bin in . . . geboren	I was born in
der Geburtstag(e)	birthday
alles Gute zum Geburtstag	happy birthday
das Geburtstagsessen(-)	birthday meal
die Geburtstagsparty(s)	birthday party
geduldig	patient
gefallen	to appeal to
. . . gefällt mir	I like . . .
gehen	to go
einkaufen gehen	to go shopping
geh zurück	go back
gehören	to belong (to)
wem gehört . . . ?	who does . . . belong to?
das geht	that's alright
wie geht's?	how are you?
die Geisterbahn(en)	ghost train
gelb	yellow
das Geld(er)	money
gemacht	done
hat . . . gemacht	did, has done
die Gemüsesuppe(n)	vegetable soup
genau	exactly
genug	enough
geradeaus	straight on
gern	with pleasure, gladly

ich hätte gern	I would like
die Geschäftszeiten *(pl.)*	shop hours
Geschichte	history
geschieht dir recht	serves you right
die Geschwister *(pl.)*	brothers and sisters
gespielt	played
gesund	healthy
gewinnen	to win
die Gewinnzahl(en)	winning number
gib(t)	give(s)
es gibt	there is/are
was gibt's?	what's up?
die Gitarre(n)	guitar
Gitarre spielen	to play the guitar
das Glas(¨er)	glass
der Glascontainer(-)	bottle bank
glatt	straight
glauben	to think, to believe
gleich	same; immediately
das Glück	luck
herzlichen Glückwunsch	congratulations
Golf	golf
der Gottesdienst(e)	religious service
der Grad(e)	grade, degree
der Grafiker(-)	graphic designer *(male)*
die Grafikerin(nen)	graphic designer *(female)*
die Grenze(n)	border
da war früher die Grenze	the border used to be there
die Grippe	flu
der Groschen(-)	Groschen *(Austrian currency)*
groß	tall, big
Großbritannien	Great Britain
die Großmutter(¨)	grandmother
der Großvater(¨)	grandfather
grün	green
die Gruppe(n)	group, band
die Gruppenarbeit(en)	group work
grüß dich	hello
herzliche Grüße	friendly greetings, best regards
guck mal	look here!
gucken	to look
gut	good
ist schon gut	it's alright
alles Gute zum Geburtstag	happy birthday
das tut gut	that's good for you
guten Abend	good evening
guten Appetit	enjoy your meal
guten Morgen	good morning
gute Nacht	good night
gute Reise!	have a good trip!
guten Tag	hello

H

das Haar(e)	hair
das Haarspray(s)	hairspray
haben	to have
ich habe Hunger	I'm hungry
ich habe Durst	I'm thirsty
du hast recht	you're right
halb	half
halb drei	half past two
hallo	hello
die Halsschmerzen *(pl.)*	sore throat
halten von	to think of
Hameln	Hamelin
der Handstand(¨e)	handstand
Harz	Harz mountains
hassen	to hate
hast	have
hat	has
was hat er?	what's the matter with him?
ich hätte gern	I would like
das Haus(¨er)	house

zu Hause	at home
die **Hausfrau(en)**	housewife
der **Hausmann(¨er)**	house husband
das **Heft(e)**	exercise book
heiß	hot
heißen	to be called
hell	light
der **Herbst**	autumn
der **Herr(en)**	man
Herr	Mr
hersehen	to look
herzlich willkommen	welcome
herzliche Grüße	friendly greetings, best regards
herzlichen Glückwunsch	congratulations
heute	today
heute wird er drei	he's three (years old) today
hier	here
hierher	here
sich **hinsetzen**	to sit down
hinten	at the back
das **Hochzeitshaus**	building in Hamelin
Hockey	hockey
Holland	Holland
hör zu	listen
das **Horoskop(e)**	horoscope
die **Hose(n)**	trousers
das **Hotel(s)**	hotel
hübsch	pretty
der **Hund(e)**	dog
hundert	hundred
der **Hunger(-)**	hunger
ich habe Hunger	I'm hungry
der **Hüttenkäse**	cottage cheese

I

ich	I
die **Idee(n)**	idea
ihm	to him, to it
ihn	him, it
ihnen	to them
ihr	you, her
im	in the
immer	always
immer wieder	over and over again
impulsiv	impulsive, spontaneous, abrupt
in(s)	in, into
Indien	India
die **Infoseite(n)**	information page
ins	in, to, into
intelligent	intelligent
interessant	interesting
interessiert	interested
das **Interview(s)**	interview
Irland	Ireland
ißt	eats
ißt auf	eats up
ist	is
ist schon gut	it's alright
Italien	Italy

J

ja	yes
die **Jacke(n)**	jacket
das **Jahr(e)**	year
Jahre alt	years old
die **Jahreszeit(en)**	season
Januar	January
die **Jeans(-)**	jeans
jede(r, s)	each
jeden Tag	every day
jetzt	now
jetzt wird's schwieriger	now it's getting more difficult

joggen	to jog
der **Jogginganzug(¨e)**	tracksuit
der **Joghurt(s)**	yoghurt
der **Journalist(en)**	journalist (*male*)
die **Journalistin(nen)**	journalist (*female*)
juchhe	hurrah
das **Jugendhaus(¨er)**	youth club
die **Jugendherberge(n)**	youth hostel
Juli	July
jung	young
der **Junge(n)**	boy
Jungfrau	Virgo
Juni	June

K

der **Kaffee(s)**	coffee
kalt	cold
das **Kaninchen(-)**	rabbit
du **kannst**	you can
die **Karibik**	the Caribbean
die **Karte(n)**	card
Karten spielen	to play cards
die **Kartoffel(n)**	potato
der **Käse**	cheese
das **Käsebrot(e)**	cheese sandwich
das **Kästchen(-)**	box
die **Katze(n)**	cat
die **Kauffrau(en)**	businesswoman
der **Kaufmann(¨er)**	businessman
der **Kaugummi**	chewing gum
kegeln	to bowl
kein	no
der **Keller(-)**	cellar
der **Kellner(-)**	waiter
die **Kellnerin(nen)**	waitress
kennen	to know
kennenlernen	to get to know
der **Kilometer(-)**	kilometre
der **Kinderarzt(¨e)**	children's doctor (*male*)
das **Kino(s)**	cinema
die **Kirche(n)**	church
na **klar!**	sure! of course!
die **Klasse(n)**	class
die **Klassenlehrerin(nen)**	form teacher (*female*)
die **Klassenumfrage(n)**	class survey
das **Klassenzimmer(-)**	classroom
die **Kleider (*pl.*)**	clothes
die **Kleidung(-)**	clothing
das Kleidungsspiel(e)	clothes game
klein	small, short
der **K.o.**	knockout
der **Koch(¨e)**	cook (*male*)
kochen	to cook
Köln	Cologne
na **komm!**	come on!
Komma	comma (*used as point in decimals*)
kommen	to come
kommst du mit?	are you coming?
die **Kommode(n)**	chest of drawers
das **Konzert(e)**	concert
der **Kopf(¨e)**	head
die **Kopfschmerzen (*pl.*)**	headache
kosten	to cost
krank	ill
das **Krankenbett(en)**	sickbed
das **Krankenhaus(¨er)**	hospital
der **Krankenpfleger**	nurse (male)
die **Krankenschwester(n)**	nurse (female)
der **Krankenwagen(-)**	ambulance
der **Kräutertee**	herbal tea
die **Krawatte(n)**	tie
Krebs	Cancer

der **Kreis(e)**	circle
die **Kritik(en)**	criticism
Kritik üben	to criticise
der **Kugelschreiber(-)**	ballpoint pen
Kunst	art
kurz	short

L

der **Laden(¨)**	shop
laden . . . ein	invite
lädt ein	invites
die **Lampe(n)**	lamp
auf dem **Land**	in the country
das **Land(¨er)**	country
lang	long, for a certain period of time
langweilig	boring
in Ruhe **lassen**	to leave in peace
laufen	to run
die **Laune(n)**	mood, atmosphere
launisch	moody
laut	loud
das **Leben(-)**	life
lecker	tasty
leer	empty
der **Lehrer(-)**	teacher (*male*)
die **Lehrerin(nen)**	teacher (*female*)
tut mir **leid**	I'm sorry
leider	unfortunately
die **Lektion(en)**	unit
lernen	to learn
das **Lernziel(e)**	objective
lesen	to read
letzte(r, s)	last, final
die **Leute** (*pl.*)	people
das **Lieblingsauto(s)**	favourite car
das **Lieblingsfach(¨er)**	favourite subject
die **Lieblingsfarbe(n)**	favourite colour
die **Lieblingsgruppe(n)**	favourite group
das **Lieblingslied(er)**	favourite song
die **Lieblingssache(n)**	favourite thing
die **Lieblingssendung(en)**	favourite programme
der **Lieblingssport(-)**	favourite sport
das **Lieblingstier(e)**	favourite animal
die **Lieblingszahl(en)**	favourite number
der **Lieferverkehr**	delivery vehicles
liegen	to lie (flat)
lies	read
lies . . . vor	read out
lila	purple
die **Limonade(n)**	lemonade
das **Lineal(e)**	ruler
links	left
auf der linken Seite	on the left-hand side
die **Liste(n)**	list
lockig	curly
los	off you go
was ist los?	what's up?
losgehen	to start
Löwe	Leo
lustig	funny

M

machen	to make, to do
mach . . . zu	close . . .
mach weiter!	go on, continue
mach mal Pause	have a break
das macht mir Spaß	that's fun, I like that
das macht nichts	that doesn't matter
das **Mädchen(-)**	girl
die **Magenschmerzen** (*pl.*)	stomach ache
Mai	May
mal	go on then (*used for emphasis*)

das **Mal(e)**	time
nächstes Mal	next time
man	one
der **Manager(-)**	manager (*male*)
manchmal	sometimes
der **Mann(¨er)**	man
der **Mantel(-)**	coat
die **Mappe(n)**	school bag, briefcase
die Deutsche **Mark (-)**	Deutschmark (*German currency*)
die **Mark(-)**	Deutschmark
markieren	to mark
der **Markt(¨e)**	market
März	March
Mathe	maths
die **Maus(¨e)**	mouse
rettet das **Meer**	save the ocean
mehr	more
nie mehr	never again
die **Mehrwegflasche(n)**	reusable bottle
die **Meile(n)**	mile
mein	my
meinen	to think, to believe
was meinst du?	what do you think?
die **Meinung(en)**	opinion
meistens	mostly
das **Messegelände(-)**	exhibition area
der **Meter(-)**	metre
mich	me
die **Milch**	milk
die **Milchflasche(n)**	milk bottle
der **Milchkarton(s)**	milk carton
das **Mineralwasser(-)**	mineral water
mir	to me
tut mir leid	I'm sorry
mir ist schlecht	I'm feeling ill
das schmeckt mir	this tastes good
das macht mir Spaß	that's fun, I like that
. . . tut mir weh	. . . hurts
mischen	to mix, to shuffle
mit	with
mitkommen	to go along
mitnehmen	to take along
Mittwoch	Wednesday
möchte	would like
die **Mode(n)**	fashion
der **Moment(e)**	moment
Montag	Monday
der **Morgen(-)**	morning
guten Morgen	good morning
morgen	tomorrow
müde	tired
München	Munich
die **Münze(n)**	coin
das **Museum(Museen)**	museum
Musik	music
Musik hören	to listen to music
der Musik-Fan(s)	music fan
muß	must
müssen	to have to
die **Mutter(¨)**	mother

N

na sowas!	you don't say!
na klar!	sure! of course!
na komm!	come on!
nach	after, to
der **Nachbar(n)**	neighbour (*male*)
die **Nachbarin(nen)**	neighbour (*female*)
nachmittags	in the afternoon
nächste(r, s)	next
nächstes Mal	next time
die **Nacht(¨e)**	night
gute Nacht	good night

der **Nachttisch(e)**	bedside table
der **Name(n)**	name
natürlich	of course, naturally
neben	next to, beside
neblig	foggy
negativ	negative
nehmen	to take
nein	no
nennen	to name
nett	nice, friendly
neu	new
neun	nine
neunzehn	nineteen
neunzig	ninety
neutral	neutral
nicht	not
das macht **nichts**	that doesn't matter
nie	never
nie mehr	never again
niemand	nobody
nimm . . . mit	take . . . with you
noch	still
weder . . . noch	neither . . . nor
sonst noch	other than that
nochmal	once more
notieren	to note, to write down
nötig	necessary
die **Notiz(en)**	note
November	November
null	zero
die **Nummer(n)**	number
nur	only

O

o weh!	oh dear!
oben	on top, above
oder	or
entweder . . . oder	either . . . or
der **Ofen(¨)**	oven
oft	often
ohne	without
die **Ohrenschmerzen** (*pl.*)	earache
der **Ohrring(e)**	earring
Oktober	October
auf dem **Oktoberfest**	at the Oktoberfest (*a beer festival in Munich*)
die **Olive(n)**	olive
das **Olivenöl**	olive oil
der **Onkel(-)**	uncle
orange	orange
der **Orangensaft(¨e)**	orange juice
ordnen	to order, to arrange
Österreich	Austria

P

das **Paar(e)**	pair
das **Papier(e)**	paper
der **Papiercontainer(-)**	paper bank
der **Papierkorb(¨e)**	wastepaper basket
die **Paprika(s)**	sweet pepper
der **Park(s)**	park
parken	to park
das **Parkhaus(¨er)**	multi-storey car park
der **Parkplatz(¨e)**	car park
der **Partner(-)**	partner (*male*)
die **Partnerin(nen)**	partner (*female*)
die **Partnerarbeit(en)**	pairwork
die **Party(s)**	party
paß auf!	watch out! be careful!
passen	to fit, to match
paßt	fits, matches
passieren	to happen

die **Pause(n)**	break, pause
die **Person(en)**	person
das **Pfännchen(-)**	little pan
der **Pfeffer**	pepper
die **Pfeife(n)**	pipe
pfeifen	to play the pipe, to whistle
der **Pfennig(e)**	pfennig (*German currency*)
der **Pfiff**	style, flair
die **Pizza(s)**	pizza
das **Pizzabacken**	pizza-baking
der **Pizzateig(e)**	pizza base
der **Plan(¨e)**	plan
der **Polizist(en)**	policeman
die **Polizistin(nen)**	policewoman
positiv	positive
das **Poster(-)**	poster
die **Postkarte(n)**	postcard
prima	great, fantastic
das **Produkt(e)**	product
das **Programm(e)**	television channel
programmieren	to programme
der **Programmierer(-)**	computer programmer (*male*)
die **Programmiererin(nen)**	computer programmer (*female*)
der **Prospekt(e)**	brochure, leaflet
der **Pulli(s)**	jumper
der **Punkt(e)**	point
pünktlich	punctual
putzen	to clean

R

das **Raclette**	raclette (*Swiss meal*)
Rad fahren	to cycle
der **Radiergummi(s)**	eraser
der **Rappen(-)**	centime (*Swiss currency*)
der **Rat**	tip, advice
raten	to guess
das **Rathaus(¨er)**	town hall
die **Ratte(n)**	rat
der **Rattenfänger(-)**	rat catcher
die **Rattenfängersage(n)**	the tale of the Pied Piper
das **Rattenfängerspiel(e)**	the Pied Piper play
rauchen	to smoke
geschieht dir **recht**	serves you right
du hast **recht**	you're right
recht haben	to be right
rechts	right
das **Recycling-Papier(e)**	recycled paper
die **Referendarin(nen)**	trainee teacher (*female*)
der **Regen**	rain
es regnet	it is raining
die **Reihenfolge(n)**	order, sequence
die **Reise(n)**	trip
gute Reise!	have a good trip!
Religion	religious education
das **Restaurant (s)**	restaurant
der **Restmüll**	refuse container for non-recyclable rubbish
rettet das Meer	save the ocean
das **Rezept(e)**	recipe
die **Rezeption(en)**	reception
richten	to direct
richtig	correct
riechen	to smell
der **Rock(¨e)**	skirt
der **Rollstuhl(¨e)**	wheelchair
rot	red
die **Rückenschmerzen** (*pl.*)	backache
der **Rucksack(¨e)**	rucksack
ruf . . . an	phone . . .
in **Ruhe lassen**	to leave in peace
die Ruhe	quietness, silence

Sachsenplatz	*a square in Leipzig*
sagen	to say
sag mal	tell me, then!
die Salami(s)	salami
der Salat(e)	lettuce, salad
das Salz	salt
Samstag	Saturday
samstags	on Saturdays
satt	full (*after a large meal*)
der Satz(¨e)	sentence
schade	what a pity
die Schaufensterpuppe(n)	shop window model
das Schauspielhaus(¨er)	theatre
der Schiedsrichter(-)	referee (*male*)
die Schiedsrichterin(nen)	referee (*female*)
die Schiffschaukel(n)	swinging ship
das Schild(er)	sign
der Schilling(e)	schilling (*Austrian currency*)
der Schinken	ham
schlank	slim
schlecht	bad
mir ist schlecht	I'm feeling ill
schlecht sein	to feel ill
Schlittschuhlaufen	ice-skating
zum Schluß	at the end
der Schlüssel(-)	key
schmecken	to taste
das schmeckt mir	this tastes good
der Schmerz(en)	pain
es schneit	it is snowing
schnell	fast, quickly
schneller als	quicker than, more quickly than
der Schnurrbart(¨e)	moustache
der Schock(s)	shock
schön	nice, fine, beautiful
schon	already
ist schon gut	it's alright
Schottland	Scotland
der Schrank(¨e)	wardrobe
schrecklich	horrible, awful
schreiben	to write
schreib . . . auf	write . . . down
schriftlich	in writing, written
die Schublade(n)	drawer
schüchtern	shy
der Schuh(e)	shoe
der Schulbesuch(e)	school visit
die Schule(n)	school
das Schülerbuch(¨er)	pupil's book
das Schullandheim(e)	holiday home (*for schools*)
die Schuluniform(en)	school uniform
das Schulzentrum(-zentren)	school centre
Schütze	Sagittarius
schwarz	black
die Schweiz	Switzerland
der Schweizer Franken(-)	Swiss franc
die Schwester(n)	sister
schwierig	difficult
jetzt wird's schwieriger	now it's getting more difficult
das Schwimmbad(¨er)	swimming pool
schwimmen	to swim
das Schwimmturnier(e)	swimming tournament
sechs	six
zu sechst	in groups of six
sechzehn	sixteen
sechzig	sixty
sehr	very
seht her	look here
ihr seid	you are
sein	his
sein	to be
die Seite(n)	page; side
auf der linken Seite	on the left-hand side
die Sekunde(n)	second
September	September
setz dich hin	sit down
sicher	surely, certainly, sure
sie	she; they
Sie	you
sieben	seven
zu siebt	in groups of seven
siebzehn	seventeen
siebzig	seventy
sieh . . . an	look at
sieht . . . aus	looks
sind	are
singen	to sing
sitzen	to sit
das Skateboard(s)	skateboard
Ski laufen	to ski
Skorpion	Scorpio
so	in this way, so, like this
sollen	to be supposed to
der Sommer(-)	summer
die Sommerschule(n)	summer school
Sonnabend	Saturday (*a north German word*)
sonnig	sunny
Sonntag	Sunday
sonst noch	other than that
na sowas!	you don't say!
Spanien	Spain
der Spaß(¨e)	fun
das macht mir Spaß	that's fun, I like that
viel Spaß	have fun
später	later
bis später	till later
die Speisekarte(n)	menu
der Sperrmüll	rubbish (*for special collection*)
der Spiegel(-)	mirror
spielen	to play
die Spielmarke(n)	counter (*in a game*)
der Spinat	spinach
spitze	excellent
Sport	physical education
treib Sport	do sport
die Sportart(en)	type of sport
sportlich	sporty
die Sportschuhe (*pl.*)	trainers
das Sportspiel(e)	sports game
sprechen	to talk, to speak
spricht	talks
Squash	squash
die Stadt(¨e)	town, city
die Stadthalle(n)	municipal hall in a town
die Stadtmitte(n)	the town or city centre
der Stadtplan(¨e)	town plan
der Stammbaum(-bäume)	family tree
der Star(s)	television/film star
der Start(s)	start
der Steckbrief(e)	dossier
Steinbock	Capricorn
die Stelle(n)	job
stellt euch vor	introduce yourselves
das Sternzeichen(-)	star sign
der Sticker(-)	sticker
der Stiefbruder(¨)	stepbrother
die Stiefmutter(¨)	stepmother
die Stiefschwester(n)	stepsister
der Stiefvater(¨)	stepfather
Stier	Taurus
(das) stimmt	(that's) correct
die Straße(n)	street
der Streß	stress
Struwwelpeter	Struwwelpeter (*children's story*)
studieren	to study
das Studio(s)	studio

die **Stufe(n)**	step
Stufenzählen	counting steps
der **Stuhl(¨e)**	chair
die **Stunde(n)**	hour; lesson
suchen	to look for
Südwestengland	southwest England
super	super
der **Supermarkt(¨e)**	supermarket
süß	sweet
die **Szene(n)**	scene
der **Szenenaufbau(ten)**	stage or film set

T

das **T-Shirt(s)**	T-shirt
die **Tabelle(n)**	table
der **Tag(e)**	day
jeden Tag	every day
guten Tag	hello
die **Tante(n)**	aunt
tausend	thousand
das **Taxi(s)**	taxi
der **Teddybär(en)**	teddy bear
das **Telefonbuch(¨er)**	phone book
telefonisch	by phone
Tennis	tennis
der **Terminkalender(-)**	diary
der **Test(s)**	test
teuer	expensive
der **Text(e)**	text
Themse	Thames
die **Thomaskirche**	*a church in Leipzig*
der **Tisch(e)**	table
toll	brilliant
die **Tomate(n)**	tomato
total	totally, completely
trag . . . ein	fill in
tragen	to wear
du trägst	you wear
trägt	wears
der **Traubensaft(¨e)**	grape juice
träumen	to dream
treib Sport	do sport
das **Treibmittel(-)**	propellant
trinken	to drink
trinkt . . . aus	drinks up
tschüs	bye, cheers
tun	to do
die **Tür(en)**	door
die **Türkei**	Turkey
tut mir leid	I'm sorry
. . . tut mir weh	. . . hurts
das **tut gut**	that's good for you

U

üben	to practise
über	over, across, more than
überhaupt nicht	not at all
die **Übung(en)**	exercise
die **Uhr(en)**	clock, watch
wieviel Uhr ist es?	what's the time?
um	around, about
um . . . Uhr	at . . . o'clock
es geht um	it's about
die **Umfrage(n)**	survey
der **Umkleideraum(¨e)**	changing room
umweltfreundlich	environmentally friendly
der **Umweltschutz**	environmental protection
das **Umweltzeichen(-)**	*logo indicating a product is environmentally friendly*
umziehen	to move house
und	and
ungeduldig	impatient

unpünktlich	unpunctual
uns	us
unser	our
unten	beneath
unter	under
der **Unterschied(e)**	difference
die **Unterwäsche (*pl.*)**	underwear
der **Urlaub(-)**	holiday

V

der **Vater(¨)**	father
Vati	dad
verbrannt	burnt
der **Verbrecher(-)**	criminal
vergleichen	to compare
der **Verkäufer(-)**	sales assistant (*male*)
die **Verkäuferin(nen)**	sales assistant (*female*)
verlassen	to leave
verstehen	to understand
der **Vertreter(-)**	representative (*male*)
die **Vertreterin(nen)**	representative (*female*)
viel	much
viel Spaß	have fun
wie viele	how many
vielen Dank	thank you very much
vieles	a lot, much
vielleicht	perhaps
vier	four
zu viert	groups of four
das **Viertel(-)**	quarter
Viertel nach	quarter past
Viertel vor	quarter to
vierundzwanzig	twenty-four
vierzehn	fourteen
vierzig	forty
das **Vitamin(e)**	vitamin
Volleyball	volleyball
von	from, of
vor	before, in front of
vorlesen	to read out
Vox pop	vox pop (*what people say*)

W

Waage	Libra
das **Wachsfigurenkabinett(e)**	waxworks
wählen	to choose
der **Wahnsinn**	madness
Wales	Wales
der **Walkman(-)**	walkman
die **Wand(¨e)**	wall
der **Wanderschuh(e)**	walking boot
wann?	when?
war	was
warm	warm
was	what
was für?	which?
was (etwas)	something
Wassermann	Aquarius
wassersparend	water-saving
weder . . . noch	neither . . . nor
der **Weg(e)**	way
wegen	because of
wegwerfen	to throw away
weh tun	to hurt
. . . tut mir weh	. . . hurts
o weh!	oh dear!
weil	because
der **Wein(e)**	wine
weiß	white; know
. . . weiß Bescheid	. . . knows all about it
weit	far
weitergehen	to go on, to go further

weitermachen	to continue	das Wörterbuch(⁻er)	dictionary
mach weiter!	go on! continue!	das Wunder(-)	miracle, wonder
welche(r, s)	which	kein Wunder!	no wonder!
die Weltzeit(en)	world time	der Wurf(⁻e)	throw
wem	to whom	der Würfel(-)	die
wem gehört . . . ?	who does . . . belong to?	würfeln	to throw dice
wen	who, whom	die Wurst(⁻e)	sausage
ein wenig	a little bit	die Wurstbude(n)	sausage stand
wer	who		
die Werbung	advertising		
werden	to become, to get		

Z

werfen	to throw	zählen	to count
Weser	Weser (river near Hannover)	der Zahn(⁻e)	tooth
das Wetter	weather	die Zahnärztin(nen)	dentist (female)
die Wetterstation(en)	weather station	die Zahnschmerzen (pl.)	toothache
wichtig	important	zehn	ten
Widder	Aries	zehnmal	ten times
wie	how	zeichnen	to draw
wie geht's?	how are you?	zeigen	to show
wie bitte?	pardon?	die Zeit(en)	time
wie viele	how many	zur Zeit	at the moment
wieder	again	die Zeitschrift(en)	magazine
immer wieder	over and over again	die Zeitung(en)	newspaper
die Wiederholung(en)	revision	der Zettel(-)	piece of paper
Wien	Vienna	ziehen	to move (to)
wieviel Uhr ist es?	what's the time?	wir ziehen um	we're moving house
will	wants	das Ziel(e)	finish
herzlich willkommen	welcome	ziemlich	quite
windig	windy	das Zimmer(-)	room
der Winter(-)	winter	der Zoo(s)	zoo
wir	we	zu	to; too
heute wird er drei	he's three (years old) today	zu viert	in fours
jetzt wird's schwieriger	now it's getting more difficult	zuerst	to begin with, firstly
wirf	throw	zuhören	to listen
wirf . . . weg	throw . . . away	zum	to the
wirklich	really	zum Schluß	at the end
wissen	to know	zumachen	to close
wo	where	zurück	back
die Woche(n)	week	zurückgehen	to go back
das Wochenende(n)	weekend	zusammen	together
die Wochenendkleidung(en)	weekend clothes	zwanzig	twenty
der Wochenplan(⁻e)	plan for the week	die Zuschrift(en)	letter
woher	where from	zwei	two
wohin?	where?	zweite(r, s)	second
wohnen	to live	zweiundzwanzig	twenty-two
der Wohnort(e)	place of residence	die Zwiebel(n)	onion
wollen	to want	Zwillinge	Gemini
wollt	(you) want	zwischen	between
das Wort(⁻er)	word	zwölf	twelve

Das Sportspiel

A: Sieh dir die Liste an. Sag B/F richtig oder falsch.

Im Frühling	spiele ich Volleyball/Basketball/Hockey.
Im Sommer	gehe ich schwimmen/joggen, spiele ich Tennis.
Im Herbst	spiele ich Federball/Squash, gehe ich Schlittschuhlaufen.
Im Winter	laufe ich Ski, spiele ich Fußball, gehe ich kegeln.